インドネシア語レッスン初級 1

ホラス由美子【著】

スリーエーネットワーク

© 2005 by adiluhung Co., Ltd.

All rights reserved. No part of this publication may be reproduced, stored in a retrieval system, or transmitted in any form or by any means, electronic, mechanical, photocopying, recording, or otherwise, without the prior written permission of the Publisher.

Published by 3A Corporation.
Trusty Kojimachi Bldg., 2F, 4, Kojimachi 3-Chome, Chiyoda-ku, Tokyo 102-0083, Japan

ISBN978-4-88319-339-4 C0087

First published 2005
Printed in Japan

はじめに　Kata Pengantar

　みなさんはどのようなきっかけでインドネシア語を学ぼうと思われたのでしょうか。仕事上の必要性から、結婚、インドネシア人の友達ができたから、趣味で、などなどきっかけは人それぞれでしょう。

　インドネシアは、実にさまざまな表情を見せてくれる国です。それは、多民族、多言語が共存する国ゆえ、地域ごとに多彩な文化、習慣となって私たちの目の前にあらわれてくるからです。

　インドネシア共和国の国語である Bahasa Indonesia は、2億人を超す人々に話されている言葉で、マレー語によく似た言葉です。独自の文字を持たずアルファベットを使っていることや、また、ローマ字で表記した日本語を読む要領で発音すれば概ね正しい発音ができるというのは、初めて学習する外国語としては、とりかかり易い言語ではないでしょうか。

　本書は、初めてインドネシア語を学習する方を対象に、基礎的な文法を選び、扱う語彙も基本的な語彙レベルに抑え、無理なく自学自習ができるように配慮しました。特に、基本文型を中心に類似のパターンを反復練習することで習熟度を高める工夫をしました。さらに、自学自習では文字を通して学習するため、目からの学習、つまり読解中心の学習に偏りがちですが、本書では、インドネシア語の音にも慣れるように、聞き取り練習を使い、耳からの学習もできるよう工夫をしました。

　さあ、インドネシアへ旅立つ前に、しばし言葉の旅にでませんか。

　最後に本書の執筆にあたり貴重な御助言を下さった大学書林国際語学アカデミー講師の越膳インドゥリアティ先生、神言会司祭のティブルティウス・ヘリ神父様、インドネシアの地からインドネシアの今を伝える写真撮影の御協力をしてくださった丸岡汪行さん、西野悌三さん、付属CDのナレーターをお引き受けくださったバレリアヌス・イリアント・ウィボウォさん、ナンシー・ノフィタ・ヘレンさん、そしてスリーエーネットワークの担当者藤井晶子さん、谷岡一也さんに心から御礼申し上げます。

2005年　春の日に
Dalam Cinta dan Damai
著者

Daftar Isi
目次

はじめに		3
第 1 課	アルファベット	5
第 2 課	指示代名詞	16
第 3 課	人称代名詞	30
第 4 課	数と助数詞	46
第 5 課	曜日、日付け、時刻、時間	62
第 6 課	形容詞	76
復習 1		90
第 7 課	動詞　その 1	94
第 8 課	動詞　その 2	110
第 9 課	動詞　その 3	128
第 10 課	助動詞	144
復習 2		156
索　引	インドネシア語 — 日本語	159
	日本語 — インドネシア語	183

別冊解答

pelajaran 1
第 1 課

アルファベット

● **文　字** ● CD-2

インドネシア語は英語と同じアルファベットを使って表記します。インドネシア語でアルファベットのことを Abjad といいます。文章の始まりと固有名詞の最初の文字は大文字（huruf besar）で、それ以外は小文字（huruf kecil）を使って書きます。また、文章の終わりにはピリオド（titik）を使います。

　初めに、アルファベットを声に出して読んでみましょう。

　　Aa　Bb　Cc　Dd　Ee　Ff　Gg　Hh　Ii
　　Jj　Kk　Ll　Mm　Nn　Oo　Pp　Qq　Rr
　　Ss　Tt　Uu　Vv　Ww　Xx　Yy　Zz

　アルファベットの発音の中で日本人の多くが特に苦労するのは、L と R の区別でしょう。L は、舌先を上の前歯の裏にくっつけるようにして［エる］と発音するとよいでしょう。R は、巻舌で［エル］と発音します。この一文字が違うだけで他は全く同じつづりの単語があり、当然、それぞれの単語の意味も違いますので、発音の違いはしっかり身につけましょう。

＊ポイント
　本書では、全課を通して単語の発音のしかたを日本語で表記しませんが、この課に限り必要に応じて、かなで発音のしかたを表しました。L と R の音を区別し、意識して発音練習できるように、L でつづる単語にはひらがなの「らりるれろ」を、R にはカタカナの「ラリルレロ」を、また N にはカタカナの「ン」を、NG にはひらがなの「ん」を使って表記しています。

● **音　節** ● CD-3

インドネシア語の単語は、ローマ字で表記した日本語を読む要領で音節を区切って発音すれば、おおむね正しく発音できます。音節は、母音（Vokal）と子音（Konsonan）の組み合わせによって成り立っています。

```
音節の例              単語例
1．母音               awal: a-wal
2．子音＋母音          saya: sa-ya
3．母音＋子音          cair: ca-ir
4．子音＋母音＋子音    lambat: lam-bat
```

＊ポイント
　　インドネシア語で使われている単語には、他言語からの借用語が多くみられます。例えば、khatulistiwa（赤道）の第一音節 kha は子音＋子音＋母音になっています。また、instruksi（指導）の第二音節 struk は、子音＋子音＋子音＋母音＋子音になっています。借用語の場合には、上の音節のパターンにあてはまらないものもあります。

●アクセント● CD-4

アクセントは、二音節以上からなる単語の場合、最後から二番目の音節に置かれるようです。しかし、その部分だけを特に強調して発音するのも不自然ですから、ほぼ平坦な調子で発音するのが望ましいでしょう。なお、二音節から成る単語の場合は、アクセントの位置は最終音節に移行します。

次の例で練習してみましょう。

　　kepala: ke-pa-la 頭　　pesawat: pe-sa-wat 飛行機
　　teman: te-man 友だち　　telur: te-lur 卵
　　Jepang: Je-pang 日本

●母　音● CD-5

日本語の「あいうえお」に相当する母音は、インドネシア語では a、i、u、e、o です。この母音は文字では5種類ですが、発音では6種類あります。なぜならば、e には、はっきりした音の［エ］と、エとウの中間の音のような曖昧音の［エ］の2種類の発音のしかたがあるからです。

　　a［ア］
　　i［イ］
　　u［ウ］
　　e［エ］
　　e［曖昧音のエ］
　　o［オ］

例を読みながら練習してみましょう。

a	［ア］	apa: a-pa 何　　asal: a-sal 出身　　akibat: a-ki-bat 結果
		saya: sa-ya 私　　bawa: ba-wa 運ぶ　　kaca: ka-ca ガラス
aa	［アア］	saat: sa-at 瞬間　　maaf: ma-af 許し　　taat: ta-at 従順な
		perayaan: pe-ra-ya-an お祝い
		kecelakaan: ke-ce-la-ka-an 事故
i	［イ］	ikan: i-kan 魚　　pipi: pi-pi 頬　　roti: ro-ti パン
ia	［イア］	dia: di-a 彼／彼女　　siapa: si-a-pa 誰　　tiang: ti-ang 柱
iu	［イウ］	cium: ci-um（においを）嗅ぐ　　siul: si-ul 口笛
		tiup: ti-up 吹く
io	［イオ］	bioskop: bi-o-skop 映画館
u	［ウ］	usus: u-sus 腸　　ukur: u-kur 測る　　utuh: u-tuh 無傷な
		buku: bu-ku 本　　guru: gu-ru 教師
		tukar: tu-kar 交換する　　tunggal: tung-gal 唯一の
		betul: be-tul 本当の　　kasur: ka-sur マットレス
		waktu: wak-tu 時
ui	［ウイ］	buih: bu-ih 泡　　duit: du-it お金　　puisi: pu-i-si 詩
ua	［ウア］	uang: u-ang お金　　buat: bu-at 行う　　suami: su-a-mi 夫
ue	［ウエ］	kue: ku-e お菓子　　frekuensi: fre-ku-en-si 周波数
e	［エ］	enak: e-nak 美味しい　　meja: me-ja 机
		bebek: be-bek アヒル
e	［曖昧音のエ］	embun: em-bun 露　　delapan: de-la-pan（数字の）8
		menteri: men-te-ri 大臣

＊ポイント

enak、meja、bebek などの e は、日本語の「絵本」、「絵の具」のように［エ］とはっきりした音です。一方、embun や delapan などの e は、曖昧音の e です。この音は、［エ］と発音する唇の形で［ウ］の音を出すようなつもりで発音します。どちらの発音をするかは個々に覚えるしかありませんが、曖昧音の e で発音する単語の方が多いようです。初習者向けの学習書の多くは、これら 2 種類の発音を区別する目印として、はっきり［エ］と発音する場合には、e の上に´（ダッシュ）をつけているものがありますが、実際の書物や新聞などではこの記号を用いません。したがって、本書でもこの記号を用いません。

ee	［曖昧音のエ・曖昧音のエ］	keempat: ke-em-pat 第 4 の
		sementara: se-men-ta-ra 一方で、しばらく
ea	［曖昧音のエ・ア］	keadaan: ke-a-da-an 状態

		seandainya: se-an-dai-nya 例えば
ei	［曖昧音のエ・イ］	keindahan: ke-in-da-han 美しさ
		seikat: se-i-kat 1束
eu	［曖昧音のエ・ウ］	keunikan: ke-u-ni-kan 特徴
		seumur: se-u-mur 同じ年
e	［曖昧音のエ］とe［エ］の両方	sepeda: se-pe-da 自転車
		kemeja: ke-me-ja ワイシャツ
		merdeka: mer-de-ka 独立した

＊ポイント
曖昧音のeと他の母音が組み合わされているつづりの場合、eとそれに続く母音は切り離して発音します。

o	［オ］	odol: o-dol 歯磨き	otot: o-tot 筋肉	
		ongkos: ong-kos 料金	motor: mo-tor モーター	
		potong: po-tong 切る	rokok: ro-kok 煙草	
oo	［オオ］	koordinator: ko-or-di-na-tor コーディネーター		
oa	［オア］	doa: do-a 祈り		

● **二重母音** ● CD-6

インドネシア語には、ai［アイ］、au［アウ］、oi［オイ］の二重母音があります。それぞれについて、単語の例を見ながら練習しましょう。

ai	［アイ］	pakai: pa-kai 着る、使う	sampai: sam-pai 着く、〜まで	
		pandai: pan-dai 上手な	air: a-ir 水	lain: la-in 他の
		saing: sa-ing 競う		

＊ポイント
aiには［アイ／エイ］の2種類の発音があります。単語によってはpakai［パカイ／パケイ］のように、［アイ／エイ］のどちらの音で発音しても構わないものもありますが、air、lain、saingのような単語では、［アイ］の音でしか発音することができません。

［アイ／エイ］の両方で発音できる単語の例

　　pakai［パカイ／パケイ］着る、使う
　　sampai［サムパイ／サムペイ］着く、〜まで

［アイ］の発音しかできない単語の例

　　air［アイル］水　　　［エイル］と発音できない
　　lain［らイン］他の　　［れイン］と発音できない

au ［アウ］　pulau: pu-lau 島　　kalau: ka-lau もし〜ならば
　　　　　　 saudara: sau-da-ra 兄弟　　daun: da-un 葉
　　　　　　 haus: ha-us 喉が渇いた　　kaum: ka-um 〜階級

＊ポイント
　au にも ［アウ／オウ］ の2種類の発音があります。これも単語によっては pulau ［プゥラウ／プゥロウ］ のように、［アウ／オウ］ のどちらで発音しても構わないものもありますが、daun、haus、kaum のような単語は、［アウ］ の音でしか発音することができません。

　［アウ／オウ］ の両方で発音できる単語の例

　　　　pulau ［プゥラウ／プゥロウ］ 島
　　　　kalau ［カラウ／カロウ］ もし〜ならば

　［アウ］ の発音しかできない単語の例

　　　　daun ［ダウン］ 葉　　　　　［ドウン］ と発音できない
　　　　haus ［ハウス］ 喉が渇いた　［ホウス］ と発音できない

oi ［オイ］　amboi: am-boi まあ！　　sepoi: se-poi 風がそよそよと

● 子 音 ●　CD-7

インドネシア語の子音には次のようなものがあります。
例を見ながら練習してみましょう。

b　［ベー］　　baju: ba-ju 上着　　bakat: ba-kat 才能＊　　beras: be-ras 米

　　　　　　　＊最後の文字が t の場合、英語などのようにはっきりと ［トゥ］ と発音せずに、日本語の促音のようにつまる音で発音します。

c　［チェー／セー］　cara: ca-ra 方法　　cicak: ci-cak ヤモリ＊
　　　　　　　　　　 cuci: cu-ci 洗う　　AC: a-c エアコン

＊ポイント
　外来語の省略形を読む場合には 「セー」 の発音を用います。エアコンを表す AC ［アーセー］ がその例です。

　　　　　　　＊最後の文字が k の場合、英語などのようにはっきりと ［ク］ と発音せずに、日本語の促音のようにつまる音で発音します。

d　［デー］　　damai: da-mai 平和な　　duduk: du-duk 座る
　　　　　　　domba: dom-ba 羊

f　［エフ］　　fajar: fa-jar 暁　　foto: fo-to 写真　　sifat: si-fat 性格／性質

g	［ゲー］	gamelan: ga-me-lan ガムラン　　bagus: ba-gus 立派な
		gugur: gu-gur 散る
h	［ハー］	harimau: ha-ri-mau トラ　　jatuh: ja-tuh 転ぶ*
		tahu: ta-hu 知っている

＊最後の文字が h の場合、軽く息を漏らすように発音します。

j	［ジェー］	jarum: ja-rum 針　　Jepang: Je-pang 日本
		bijaksana: bi-jak-sa-na 賢明な
k	［カー］	kalah: ka-lah 負ける　　kiri: ki-ri 左
		sakit: sa-kit 病気の／痛い
l	［エる］	laci: la-ci 引き出し　　palsu: pal-su 偽の　　usul: u-sul 提案
m	［エム］	makan: ma-kan 食べる　　mebel: me-bel 家具
		garam: ga-ram 塩
n	［エヌ］	nama: na-ma 名前　　rindu: rin-du 恋しい
		minum: mi-num 飲む
p	［ペー］	papan: pa-pan 板　　sepuluh: se-pu-luh （数字の）10
		atap: a-tap 屋根
q	［キー］	Quran: Qur-an コーラン
r	［エル］	rasa: ra-sa 味／感覚　　surat: su-rat 手紙
		lapar: la-par 空腹の
s	［エス］	sabun: sa-bun 石鹸　　rusa: ru-sa 鹿
		panas: pa-nas 暑い／熱い
t	［テー］	tanda: tan-da 印　　utara: u-ta-ra 北
		terbit: ter-bit （太陽が）登る
v	［フェー］	valuta: va-lu-ta 通貨　　visa: vi-sa ビザ
		vitamin: vi-ta-min ビタミン
w	［ウェー］	wadah: wa-dah 器　　wisata: wi-sa-ta 観光
		wibawa: wi-ba-wa 権威
x	［エクス］	sinar-X: si-nar X エックス線
y	［イェー］	yaitu: ya-i-tu すなわち　　payung: pa-yung 傘
z	［ゼッ（ト）］	zakat: za-kat 喜捨　　zaitun: za-i-tun オリーブ
		zamrud: zam-rud エメラルド

子音が二つ続いて綴られるものもあります。例を見て練習しましょう。

kh ［カ行の発音で、息を強く吐き出す音］
    khayal: kha-yal 想像　　khatulistiwa: kha-tu-lis-ti-wa 赤道
    khotbah: khot-bah 説教

ng（nga, ngi, ngu, nge, ngo）［ガ行の鼻濁音］
    ngeong: nge-ong ニャー　（猫の鳴き声）
    dingin: di-ngin 寒い／冷たい　　gunung: gu-nung 山

ny（nya, nyi, nyu, nye, nyo）［ニャ行の鼻音］
    nyamuk: nya-muk 蚊　banyak: ba-nyak たくさんの
    kenyang: ke-nyang 満腹の

sy（sya, syi, syu, sye, syo）［シャ行の音］
    syarat: sya-rat 条件　syukur: syu-kur ありがたい
    masyarakat: ma-sya-ra-kat 社会

練習

1．次の単語を正しく発音してみましょう。　CD-8
   1) mulut   2) daftar
   3) dalam   4) yakin
   5) marah   6) bibir
   7) celana   8) banyak
   9) tinggal   10) goreng

2．LとRの違いに注意してCDを聞き、単語を書きましょう。　CD-9
   1) _____ _____   2) _____ _____
   3) _____ _____   4) _____ _____
   5) _____ _____   6) _____ _____
   7) _____ _____   8) _____ _____
   9) _____ _____   10) _____ _____

3．NとNGの違いに注意してCDを聞き、単語を書きましょう。　CD-10
   1) _____   2) _____
   3) _____   4) _____
   5) _____   6) _____
   7) _____   8) _____
   9) _____   10) _____

4．BとPの音に注意してCDを聞き、単語を書きましょう。　CD-11

1）＿＿＿＿＿＿＿＿＿＿＿　　　2）＿＿＿＿＿＿＿＿＿＿＿

3）＿＿＿＿＿＿＿＿＿＿＿　　　4）＿＿＿＿＿＿＿＿＿＿＿

5）＿＿＿＿＿＿＿＿＿＿＿　　　6）＿＿＿＿＿＿＿＿＿＿＿

7）＿＿＿＿＿＿＿＿＿＿＿　　　8）＿＿＿＿＿＿＿＿＿＿＿

9）＿＿＿＿＿＿＿＿＿＿＿　　　10）＿＿＿＿＿＿＿＿＿＿＿

5．UとE［曖昧音のエ］の音に注意してCDを聞き、単語を書きましょう。　CD-12

1）＿＿＿＿＿＿＿＿＿＿＿　　　2）＿＿＿＿＿＿＿＿＿＿＿

3）＿＿＿＿＿＿＿＿＿＿＿　　　4）＿＿＿＿＿＿＿＿＿＿＿

5）＿＿＿＿＿＿＿＿＿＿＿　　　6）＿＿＿＿＿＿＿＿＿＿＿

7）＿＿＿＿＿＿＿＿＿＿＿　　　8）＿＿＿＿＿＿＿＿＿＿＿

9）＿＿＿＿＿＿＿＿＿＿＿　　　10）＿＿＿＿＿＿＿＿＿＿＿

第1課

目で覚える単語　Menghafal dengan Gambar

Di dalam Rumah / Di dalam Kantor　家の中／オフィスの中

① jam dinding 壁時計　② lukisan 絵画　③ gorden カーテン　④ televisi テレビ　⑤ sakelar スイッチ　⑥ sofa ソファー　⑦ surat kabar / koran 新聞　⑧ album アルバム　⑨ majalah 雑誌　⑩ remote control リモコン　⑪ telepon 電話　⑫ AC エアコン　⑬ kalender カレンダー　⑭ kabinet arsip キャビネット　⑮ mesin fotokopi コピー機　⑯ komputer コンピュータ　⑰ map ファイル　⑱ surat 手紙　⑲ amplop 封筒　⑳ kertas 紙　㉑ laci 引き出し　㉒ cap スタンプ　㉓ mesin tik タイプライター　㉔ kalkulator 電卓　㉕ buku catatan メモ帳　㉖ selotip セロファンテープ　㉗ stepler ホチキス

〈Nusantara 博士のコラム〉

　インドネシアの国語は Bahasa Indonesia（インドネシア語）ですが、地域や家庭で使う言葉は Bahasa daerah（地方語）であることが珍しくありません。Bahasa daerah は250種類以上あると言われています。その中でも使用人口が多いのは Bahasa Jawa（ジャワ語）です。Bahasa Indonesia は、英語と同じアルファベットを使って表記しますが、Bahasa Jawa、Bahasa Bali（バリ語）、Bahasa Bugis（南スラウェシ地方のブギス語）Bahasa Karo（北スマトラ地方のカロ語）などは、それぞれ独自の文字を持っています。

アルファベットとジャワ文字併記の看板

pelajaran 2
第 2 課

指示代名詞

文　型　Pola Kalimat　CD-13

1. Ini kamus.
2. Ini kamus bahasa Indonesia.
3. Itu bukan paket pos.
4. Itu Irwan.
5. Itu rumah Irwan.

例　文　Contoh Kalimat　CD-14

1. Apa ini?
   Ini kamus.
2. Kamus apa ini?
   Ini kamus bahasa Indonesia.
3. Apakah ini paket pos?
   Ya. Itu paket pos.
   Bukan. Itu bukan paket pos. Itu kado.
4. Siapa itu?
   Itu Irwan.
5. Rumah siapa itu?
   Itu rumah Irwan.

会 話 Percakapan CD-15

Yudono: Foto apa ini?
Yuriko: Itu foto kenang-kenangan.
Yudono: Siapa ini?
Yuriko: Ini Hartono.
Yudono: Hartono orang mana?
Yuriko: Orang Jawa.
Yudono: Apakah Hartono mahasiswa?
Yuriko: Bukan. Hartono bukan mahasiswa. Hartono pegawai kantor.

訳　Terjemahan

文型
1. これは辞書です。
2. これはインドネシア語の辞書です。
3. それは郵便小包ではありません。
4. あちらはイルワン（さん）です。
5. あれはイルワン（さん）の家です。

例文
1. これは何ですか？
   これは辞書です。
2. これは何の辞書ですか？
   これはインドネシア語の辞書です。
3. これは郵便小包ですか？
   はい。それは郵便小包です。
   いいえ。それは郵便小包ではありません。それはプレゼントです。
4. あちらはどなたですか？
   あちらはイルワン（さん）です。
5. あれはどなたの家ですか？
   あれはイルワン（さん）の家です。

会話
ユドノ：　これは何の写真ですか？
百合子：　それは記念写真です。
ユドノ：　こちらはどなたですか？
百合子：　こちらはハルトノ（さん）です。
ユドノ：　ハルトノ（さん）は何人（なにじん）ですか？
百合子：　ジャワ人です。
ユドノ：　ハルトノ（さん）は大学生ですか？
百合子：　いいえ。ハルトノ（さん）は大学生ではありません。
　　　　　ハルトノ（さん）は会社員です。

新しい単語　Kosakata Baru

文型・例文

apa	何	orang	人、〜人
apakah	〜ですか？	mana	どこ
bahasa	言語、〜語	pegawai	社員
bahasa Indonesia	インドネシア語	pegawai kantor	会社員

練習

bukan	〜ではない、いいえ	arloji	腕時計
		bahasa asing	外国語
Indonesia	インドネシア	Bali	バリ（地方名）
ini	これ、この、こちら	bis	バス
itu	あれ、それ、あの、その、あちら、そちら	buku	本
kado	贈物	CD	CD
kamus	辞書	gamelan	ガムラン
paket	小包	garpu	フォーク
paket pos	郵便小包	gelas	コップ
pos	郵便	halte bis	バス停
rumah	家	hotel	ホテル
siapa	誰	HP	携帯電話
ya	はい	jalan	道、通り

会話

		jalan tol	高速道路
foto	写真	jam	時間、時計、〜時
Jawa	ジャワ（地方名）	jam tangan	腕時計
kenang-kenangan	記念、思い出	jembatan	橋
mahasiswa	大学生	Jepang	日本

第2課

kamera	カメラ	piring	皿
kantor	事務所、会社	roti	パン
kas	金庫	rumah sakit	病院
kertas surat	便箋	rumah sakit umum	総合病院
kunci	鍵	sakit	病気の、痛い
kursi	椅子	sejarah	歴史
lagu	歌	sekolah	学校
lampu lalu lintas	信号	sendok	スプーン
lemari	戸棚	sepatu	靴
masakan	料理	sepeda	自転車
meja	机	sepeda motor	オートバイ
mobil	車	sumpit	箸
musik	音楽	tas	鞄
pena	ペン	tinta	インク
pensil	鉛筆	toko	店
perangko	切手	weker	目覚まし時計

文法　Tata Bahasa

> **《この課でマスターできること》**
>
> ● 肯定文「これは〜です」
>   Ini kamus.　これは辞書です。
> ● 否定文「これは〜ではありません」
>   Ini bukan kamus.　これは辞書ではありません。
> ● 疑問文 1「これは何ですか？」
>   Apa ini?　これは何ですか？
>   Ini kamus.　これは辞書です。
> ● 疑問文 2「はい」「いいえ」式疑問文
>   Apakah ini kamus?　これは辞書ですか？
>   Ya. Itu kamus.　はい。それは辞書です。
>   Bukan. Itu bukan kamus.　いいえ。それは辞書ではありません。
> ● 疑問文 3「こちらはどなたですか？」
>   Siapa ini?　こちらはどなたですか？
>   Ini Irwan.　こちらはイルワン（さん）です。

● 指示代名詞 ini と itu ●

文型 1 から 5 で使われている ini と itu は指示代名詞です。話し手の近くにあるものには ini「これは、この」を、遠くのものには itu「それは、あれは、あの、その」を使います。この指示代名詞は人や動物、物のすべてに対して使います。

　　Ini kamus.　　これは辞書です。
　　Itu Irwan.　　あちらはイルワン（さん）です。

● 疑問詞 apa ●

例文 1 のように、「これは何ですか。」とたずねる場合、疑問詞 apa「何」を使います。

　　Apa ini?　これは何ですか？

答えとして、「これは〜です。」と言う場合は、指示代名詞の後ろに指し示す物

や人の名前を言います。

　　　Ini kamus.　これは辞書です。

＊ポイント
　　インドネシア語では一般に、日本語の「です」に当たる単語を使いません。

● 修飾する単語と修飾される単語の語順 ●
文型2のように、インドネシア語では修飾される単語が修飾する単語の前に置かれます。日本語の場合と語順が逆になりますので、くり返し練習をして慣れましょう。

　　　　　　bahasa Indonesia
　　　　　　　↓　言語 ＋ インドネシア → インドネシア語
　　　kamus bahasa Indonesia
　　　　　　　↓　辞書 ＋ インドネシア語 → インドネシア語の辞書
　　Ini kamus bahasa Indonesia.　これ ＋ 辞書 ＋ インドネシア語
　　これはインドネシア語の辞書です。

　　Kamus apa ?
　　　　↓　辞書 ＋ 何 → 何の辞書
　　Kamus apa　ini ?　辞書 ＋ 何 ＋ これ
　　これは何の辞書ですか。

＊ポイント
　　インドネシア語では、この語順のルールを Hukum DM（DM の法則）といいます。上の例のように、修飾される語が修飾する語の前に置かれるというルールです。

● はい、いいえ式の疑問文　その1 ●
例文3のように、文の初めに Apakah をつければ、「はい」、「いいえ」式の疑問文を作ることができます。

　　　Apakah ini paket pos?　　　これは郵便小包ですか？

● 肯定と否定、名詞を否定する否定詞 ●

例文3の答えの文章のように、「はい」と答える場合は Ya を使います。「いいえ」と答える場合は Bukan を使います。名詞を否定する場合は、否定しようとする名詞の前に否定詞 bukan「〜ではない」を置きます。

  Ya. Itu paket pos. はい。それは郵便小包です。

  Bukan. Itu bukan paket pos. いいえ。それは郵便小包ではありません。

*ポイント
  否定詞 bukan は、「いいえ」と「〜ではない」の両方に使います。名詞以外の品詞を否定する場合は、別の否定詞を使います。このことは後の課で説明します。

● 疑問詞 siapa ●

例文4のように、人に関して「誰か」とたずねる場合には疑問詞 siapa「誰」を使います。

  Siapa itu? あちらはどなたですか？

● 所有の表現 ●

文型5のように、「これは〇〇さんの××です。」と物の所有の表現をする場合には、名詞の後ろに所有する人の名前を言います。

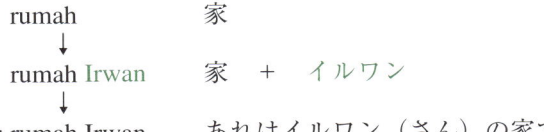

  Itu rumah Irwan. あれはイルワン（さん）の家です。

練習 I　Latihan I

1．次の日本語をインドネシア語に訳してみましょう。
　　1）この車
　　2）あの店
　　3）日本語の辞書
　　4）イルワン（さん）の自転車
　　5）あのハルトノ（さん）のバイク

2．次の文を読んでみましょう。また、意味も答えましょう。
　　1）Ini kertas surat.
　　2）Ini amplop.
　　3）Ini perangko.
　　4）Ini pena.
　　5）Ini pensil.
　　6）Itu tinta.
　　7）Itu komputer.
　　8）Itu telepon.
　　9）Itu meja.
　 10）Itu kursi.

3．次の会話を読んでみましょう。また、意味も答えましょう。
　　1）CD apa ini?
　　　 Ini CD musik gamelan Bali.
　　2）Buku apa ini?
　　　 Ini buku sejarah Indonesia.
　　3）Toko apa ini?
　　　 Ini toko buku.
　　4）Rumah sakit apa itu?
　　　 Itu rumah sakit umum.
　　5）Sekolah apa itu?
　　　 Itu sekolah bahasa asing.
　　6）Rumah siapa ini?
　　　 Ini rumah Siti.

7） Sepatu siapa ini?
　　Ini sepatu Ani.
8） Tas siapa itu?
　　Itu tas Joko.
9） Mobil siapa itu?
　　Itu mobil Lukman.
10） Sepeda motor siapa itu?
　　Itu sepeda motor Bambang.

練習Ⅱ　Latihan Ⅱ

1．次の会話をインドネシア語に訳してみましょう。
　1） これは何ですか？
　　　これは目覚まし時計です。

　2） これは何ですか？
　　　これは腕時計です。

　3） これは何ですか？
　　　これは電話です。

　4） これは何ですか？
　　　これは携帯電話です。

　5） これは何ですか？
　　　これはテレビです。

　6） あれは何ですか？
　　　あれは鍵です。

　7） あれは何ですか？
　　　あれは自動車の鍵です。

8）あれは何ですか？
あれは家の鍵です。

9）あれは何ですか？
あれは金庫の鍵です。

10）あれは何ですか？
あれは戸棚の鍵です。

2．次の会話をインドネシア語に訳してみましょう。

1）あれは何の雑誌ですか？
あれは日本料理の雑誌です。

2）あれは何の歌ですか？
あれは日本の歌です。

3）あれは何の店ですか？
あれはパン屋です。

4）これはハルトノ（さん）のカメラですか？
はい。これはハルトノ（さん）のカメラです。
いいえ。これはハルトノ（さん）のカメラではありません。これはイルワン（さん）のカメラです。

5）これは家の鍵ですか？
はい。これは家の鍵です。
いいえ。これは家の鍵ではありません。これは事務所の鍵です。

練習Ⅲ　Latihan Ⅲ

1．CD を聞いて書きましょう。また、意味を訳しましょう。　CD-16

1) _____

2) _____

3) _____

4) _____

5) _____

6) _____

7) _____

8) _____

9) _____

10) _____

2．CDを聞いて、内容と一致している絵を選びましょう。 **CD-17**

①
②
③
④
⑤
⑥

1) ＿＿ 2) ＿＿ 3) ＿＿ 4) ＿＿ 5) ＿＿ 6) ＿＿

〈Nusantara 博士のコラム〉

　初対面の人でもインドネシア人の名前を聞くだけで、その人が何族なのか、または何の宗教を信仰する人なのか、だいたい想像できます。インドネシア人の名前は、民族や宗教によってそれぞれ特徴があります。例えば、Orang Jawa（ジャワ人）の男性は、名前の終わりが「ノ」、「モ」、「コ」というように子音プラス o（オ）で終わる人が多いのが特徴です。例えば、Hartono、Sudomo などがその例です。

　イスラム教徒の場合、Muhammad、Umar など、アラブ諸国で使われるようなイスラム教に由来する名前を持つ人がいます。またキリスト教徒では、Yohanes、Stefanus、Maria など、聖人の名前を使う人がいます。

　インドネシアには、苗字を持たない民族もあります。2つ、3つと複数個の名前を列ねていても、家族が共通して使う部分がなく、すべてその人個人の名前ということも珍しくありません。

目で覚える単語　Menghafal dengan Gambar

Keluarga　家族

① kakek buyut 曾祖父　② nenek buyut 曾祖母　③ kakek / opa 祖父　④ nenek / oma 祖母　⑤ ayah / bapak 父　⑥ ibu 母　⑦ kakak perempuan 姉　⑧ adik perempuan 妹　⑨ adik laki-laki 弟　⑩ paman / om 叔父、伯父　⑪ bibi / tante 叔母、伯母　⑫ saudara sepupu いとこ　⑬ kakak laki-laki 兄　⑭ kakak ipar 義兄、義姉　⑮ keponakan 甥、姪

pelajaran 3
第 3 課

人称代名詞

文型　Pola Kalimat　

1. Saya pegawai kantor.
2. Nama saya Hanako.
3. Itu temannya.
4. Buku ini kepunyaan saya.
5. Dia Ibu Aisyah.

例文　Contoh Kalimat　

1. Apakah Anda pegawai kantor?
   Ya. Saya pegawai kantor.
   Bukan. Saya bukan pegawai kantor. Saya guru.
2. Siapa nama Anda?
   Nama saya Hanako.
3. Apakah itu teman Saudara Hamid?
   Ya. Itu temannya.
   Bukan. Itu bukan temannya.
4. Apakah buku itu kepunyaan Bapak?
   Ya. Buku ini kepunyaan saya.
   Bukan. Ini bukan kepunyaan saya.
5. Siapa itu?
   Itu Ibu Aisyah.

会話　Percakapan　CD-20

Bapak Nishino:	Selamat pagi, Bapak Sutanto.
Bapak Sutanto:	Selamat pagi, Bapak Nishino.
Bapak Nishino:	Bapak Sutanto, ini istri saya.
Ibu Nishino:	Nama saya Rumiko Nishino.
	Saya ibu rumah tangga.
Bapak Nishino:	Ini anak kami.
	Ini Satoshi.
	Dia pegawai bank.
	Ini Kayoko.
	Dia mahasiswi Universitas Heiwa.

訳　Terjemahan

文型
1. 私は会社員です。
2. 私の名前は華子です。
3. あちらは彼の友達です。
4. この本は私のものです。
5. 彼女はアイシャさんです。

例文
1. あなたは会社員ですか？
   はい。私は会社員です。
   いいえ。私は会社員ではありません。私は教師です。
2. あなたのお名前は？
   私の名前は華子です。
3. あちらはハミッドさんの友達ですか？
   はい。あちらは彼の友達です。
   いいえ。あちらは彼の友達ではありません。
4. その本はあなたのものですか？
   はい。この本は私のものです。
   いいえ。この本は私のものではありません。
5. あちらはどなたですか？
   彼女はアイシャさんです。

会話
西野氏：　スタントさん、おはようございます。
スタント氏：　西野さん、おはようございます。
西野氏：　スタントさん、こちらは私の妻です。
西野夫人：　私の名前は西野るみ子です。
　　　　　私は主婦です。
西野氏：　こちらは私たちの子どもです。
　　　　　こちらは聡です。
　　　　　彼は銀行員です。
　　　　　こちらは加代子です。
　　　　　彼女は平和大学の学生です。

新しい単語　Kosakata Baru

文型・例文

guru	教師、先生
kepunyaan	〜のもの
nama	名前
teman	友達

会話

anak	子ども
bank	銀行
ibu rumah tangga	主婦
istri / isteri	妻
mahasiswi	女子大学生
pagi	朝
pegawai bank	銀行員
rumah tangga	家庭
Selamat pagi.	おはよう
universitas	大学

練習

Amerika	アメリカ
barat	西
Batak	バタック（民族名）
Belanda	オランダ
dokter	医者
karyawan	従業員
karyawati	女子従業員
kayu	木材
Kenalkan.	はじめまして。
laki-laki	男
malam	夜
murid	生徒
murid SD	小学生
murid SMP	中学生
murid SMU/ murid SMA	高校生
orang Barat	西洋人
orang Timur	東洋人
pabrik	工場
perawat	看護師
perempuan	女
perusahaan	会社、企業
presiden	大統領、社長
saudara	兄弟、姉妹
Selamat malam.	こんばんは
SD (Sekolah Dasar)	小学校
Selamat siang.	こんにちは（午前10時頃から午後3時頃まで）
Selamat sore.	こんにちは（午後3時頃から夕方6時頃まで）

第3課

siang	昼	suami	夫
Singapura	シンガポール	Sunda	スンダ（民族名）
SMP (Sekolah Menengah Pertama)	中学校	taksi	タクシー
SMU (Sekolah Menengah Umum) / SMA (Sekolah Menengah Atas)	高校	timur	東
		tukang	職人
sopir / supir	運転手	tukang jahit	仕立て屋
sore	夕方	tukang kayu	大工

文法　Tata Bahasa

> 《この課でマスターできること》
>
> ●**人称代名詞「私は〜です。」**
>   Saya pegawai kantor.　私は会社員です。
> ●**所有1「私の〜」**
>   Ini rumah saya.　これは私の家です。
> ●**所有2「僕の〜、君の〜」**
>   Ini bukuku.　これは僕の本です。
>   Itu majalahmu.　あれは君の雑誌です。
> ●**所有3「彼の〜／彼女の〜」**
>   Itu temannya.　あちらは彼／彼女の友だちです。
> ●**所有4「〜のもの」**
>   Buku ini kepunyaan saya.　この本は私のものです。
> ●**敬称「〜さん」**
>   Dia Ibu Aisyah.　彼女はアイシャさんです。
> ●**疑問詞 siapa**
>   Siapa nama Anda?　あなたのお名前は？

● 人称代名詞 ●

下の表は人称代名詞です。インドネシア人は自分と相手の年齢や立場によって、人称代名詞を使い分けます。特に、二人称の人称代名詞は使い方に注意して覚えましょう。

一人称　CD-21

〈単数形〉
saya	私	性別、年令、立場に関係なく自分をさすのに使う
aku	僕　あたし	親しい間柄で自分をさすのに使う

〈複数形〉
kami	私たち	話し相手を含まない
kita	私たち	話し相手を含む

Kami orang Jawa.　私たちはジャワ人です。
Kami orang Bali.　私たちはバリ人です。
Kita orang Indonesia.　私たちはインドネシア人です。

二人称　CD-22

〈単数形〉　　　　〈複数形〉

Anda　あなた　　Anda sekalian　あなた達
　　性別に関係なく、主に初対面の人に対して使う。
Kamu　お前／君　Kalian　君達
　　性別に関係なく、主に親しい間柄で使う。
Engkau　君　　　Kalian　君達
　　性別に関係なく、主に年齢や地位が自分と同じかそれ以下の相手に対して使う。
Saudara　あなた　Saudara-saudara　あなた達
　　男性で、主に年齢や地位が自分と同じかそれ以下の相手に対して使う。
Saudari　あなた　Saudari-saudari　あなた達
　　女性で、主に年齢や地位が自分と同じかそれ以下の相手に対して使う。
　　　　　　　　　Saudara-saudari　あなた達　男女が同席している場合
Bapak　あなた　　Bapak-bapak　あなた達
　　男性で、年齢や地位が自分より高い相手に対して使う。
Pak　あなた
　　Bapakの短縮型。男性への呼びかけや、会話の文末に多く使われる。
Ibu　あなた　　　Ibu-ibu　あなた達
　　女性で、主に年齢や地位が自分より高い相手に対して使う。
Bu　あなた
　　Ibuの短縮型。女性への呼びかけや、会話の文末に多く使われる。
Tuan　あなた　　Tuan-tuan　あなた達
　　外国人男性に対して使う。
Nyonya　あなた　Nyonya-nyonya　あなた達
　　外国人の既婚女性や、インドネシア人同士では既婚女性に対するIbuより正式な言い方として使う。
Nona　あなた　　Nona-nona　あなた達
　　若い未婚女性に対して使う。

＊二人称の単数形を二度くり返せば複数形になります。書く場合には二つの単語を-（ハイフン）でつなぎます。ただし、Anda、Kamu、Engkau、Pak、Bu は二度くり返しても複数形になりません。また、普通名詞も orang-orang（人々）のように二度くり返せば複数形になります。

三人称　CD-23

〈単数形〉
dia	彼／彼女	性別に関係なく使う（口語）
ia	彼／彼女	性別に関係なく使う（文語）
beliau	あの方	性別に関係なく、主に年齢や地位が自分より高い相手に対して使う。

〈複数形〉
mereka	彼ら／彼女ら	性別に関係なく使う。

＊ポイント
人称代名詞の格変化は、一人称単数形の aku、二人称単数形の kamu と三人称単数形の所有格を除き、つづりの変化がありません。語順によって格を判断します。

● **人称代名詞の主格** ●

文型１のように、文頭に人称代名詞がある場合、その人称代名詞は主格の意味をもちます。

　　　Saya pegawai kantor.　　　私は会社員です。

● **人称代名詞の所有格のかたち　その１** ●

文型２のように、名詞の後ろに人称代名詞がある場合、その人称代名詞は所有格の意味をもちます。

　　　nama　　　　　　　　　名前
　　　↓
　　　nama saya　　　　　　　名前　＋　私
　　　↓
　　　Nama saya Hanako.　　　私の名前は華子です。

● **人称代名詞の所有格のかたち　その２　aku と Kamu** ●

一人称単数形 aku は aku が -ku に変化し、また、二人称単数形 Kamu は Kamu が -mu に変化し、それぞれ所有する物（名詞）の後ろにくっついて一語にな

第3課

ります。

   buku   本
    ↓
   buku aku 本　＋　僕
     ↓ aku が -ku に変化し、名詞の後ろにくっつく
   bukuku 僕の本
    ↓
  Ini bukuku. これは僕の本です。

   majalah   雑誌
    ↓
   majalah kamu 雑誌　＋　君
     ↓ kamu が -mu に変化し、名詞の後ろにくっつく
   majalahmu 君の雑誌
    ↓
  Itu majalahmu. あれは君の雑誌です。

● 人称代名詞の所有格のかたち　その３　dia ●

文型 3 のように、三人称単数形 dia の所有格は dia が -nya と変化し、所有する物（名詞）にくっついて一語になります。

   teman   友だち
    ↓
   teman + dia 友だち　＋　彼
     ↓ dia が -nya に変化し、名詞の後ろにくっつく
   temannya 彼の友達
    ↓
  Itu temannya. あちらは彼の友達です。

 ＊ポイント
  人称代名詞の所有格は、aku、kamu、dia 以外は綴りが変化しません。

● 所有の表現　kepunyaan ●

文型 4 のように、所有する人の名前や人称代名詞の前に kepunyaan を置いて、所有を表すこともできます。

  Buku ini kepunyaan saya. この本は私のものです。

● **二人称の使い分け** ●

例文4の質問の文のように、自分と相手の立場に応じて二人称の人称代名詞を使います。

  Ini buku Bapak. これはあなたの本です。

*ポイント
 インドネシア人は、常に自分と話し相手の立場を考えた上で、「あなた」にあたる人称代名詞を使い分けます。

● **敬称　〜さん** ●

文型5のように、二人称の人称代名詞は Anda、Kamu、Ergkau を除いて、敬称としても使われます。

  Dia Ibu Aisyah. 彼女はアイシャさんです。

*ポイント
 インドネシア人は、親しい間柄では敬称を使わずに呼び捨てにしたり、また愛称で呼び合ったりするのが一般的です。

練習 I　Latihan I

1．次の日本語をインドネシア語に訳してみましょう。
   1）私の名前
   2）あなた（年上の男性）のオフィス
   3）彼女の家
   4）アイシャさんのもの
   5）あなた（年上の女性）の鞄

2．次の文を読みましょう。また、意味も答えましょう。
   1）Ibu Yati orang Sunda.
   2）Tuan John orang Amerika.
   3）Bapak Susilo orang Jawa.
   4）Nyonya Masako orang Jepang.
   5）Tuan Herman orang Belanda.
   6）Nyonya Lee orang Singapura.
   7）Bapak Siregar orang Batak.
   8）Saudara Nyoman orang Bali.
   9）Kami orang Timur.
   10）Mereka orang Barat.

3．次の文を読みましょう。また意味も答えましょう。
   1）Ini ayah saya.
   2）Ini ibuku.
   3）Ini saudaranya.
   4）Ini kakak laki-lakinya.
   5）Ini adik laki-laki saya.
   6）Apakah itu kakak perempuan Bapak?
   7）Apakah itu adik perempuan Ibu?
   8）Apakah itu suaminya?
   9）Apakah itu istrinya?
   10）Apakah itu teman mereka?

練習Ⅱ　Latihan Ⅱ

1．次の会話をインドネシア語に訳してみましょう。
　1）あちらはどなたですか？
　　　あちらはグナワン（Gunawan）さんです。＊自分より年上の男性の場合

　2）あちらはどなたですか？
　　　あちらはワティ（Wati）さんです。＊自分より年上の女性の場合

　3）こちらはどなたですか？
　　　こちらはカルティカ（Kartika）さんです。＊自分より年下の女性の場合

　4）こちらはどなたですか？
　　　こちらはシンタ（Sinta）さんです。＊未婚で若い女性の場合

　5）こちらはどなたですか？
　　　こちらは鈴木さんです。＊外国人男性の場合

2．次の文をインドネシア語に訳してみましょう。
　1）あの方はお医者さんですか？
　2）あなたは看護師ですか？　＊自分と同じくらいの年齢の女性の場合
　3）彼らは大学生です。
　4）私たちは従業員です。　＊話し相手を含まない場合
　5）私たちは高校生です。　＊話し相手を含む場合
　6）君たちは小学生ですか？
　7）君たちは中学生ですか？
　8）あなたはインドネシア人ですか？　＊自分より年上の男性の場合
　9）あなたは日本人ですか？　＊自分より年上の女性の場合
　10）彼は銀行員ですか？

練習Ⅲ　Latihan Ⅲ

1．CDを聞いて書きましょう。また、意味を訳しましょう。　　🆑-24

1) _____

2) _____

3) _____

4) _____

5) _____

6) _____

7) _____

8) _____

9) _____

10) _____

2．CDを聞いて、内容と一致している絵を選びましょう。 CD-25

① ②  ③  ④  ⑤  ⑥

1）＿＿　2）＿＿　3）＿＿　4）＿＿　5）＿＿　6）＿＿

目で覚える単語　Menghafal dengan Gambar

Ruang Makan　ダイニング

① kipas angin 扇風機　② lampu 電気、照明器具　③ buah-buahan 果物　④ sendok sup おたま　⑤ kursi 椅子　⑥ meja makan 食卓　⑦ taplak meja テーブルクロス　⑧ nasi putih ご飯　⑨ lauk-pauk おかず　⑩ serbet ナプキン　⑪ garpu フォーク　⑫ sendok スプーン　⑬ air hangat ぬるま湯　⑭ kopi コーヒー　⑮ serbet kertas 紙ナプキン　⑯ teh お茶

44

〈**Nusantara 博士のコラム**〉

　日常のあいさつは4つあります。Selamat pagi.（おはよう）、Selamat siang.（こんにちは）、Selamat sore.（こんにちは）、Selamat malam.（こんばんは）です。インドネシア語には、2種類の「こんにちは」があります。Selamat siang. は午前10時頃から午後3時頃まで使い、Selamat sore. は午後3時以降から夕方6時頃まで使います。Selamat には、平安な、平穏な、無事なという意味があります。

　Selamat の後ろに使う pagi は朝、siang は昼、sore は夕方、malam は夜という意味です。

　これらのあいさつは、例えば、Selamat pagi. と言ってたずねて来たお客さんが、Selamat siang. と言って帰っていくように、それぞれの時間帯における「さようなら」の意味としても使うことができます。

ある会社の朝礼風景

pelajaran 4
第 4 課

数と助数詞

文型　Pola Kalimat　CD-26

1. Umur saya 35 tahun.
2. Harga kalung ini Rp. 250.000,-.
3. Jumlah karyawan pabrik itu 500 orang.
4. Nomor telepon rumah saya 021-1239764.
5. Ukuran baju kaus ini L.

例文　Contoh Kalimat　CD-27

1. Berapa umur Saudara Hamzah?
   Umur saya 35 tahun.
2. Berapa harga kalung ini?
   Harga kalung ini Rp. 250.000,-.
3. Berapa jumlah karyawan pabrik itu?
   Jumlah karyawan pabrik itu 500 orang.
4. Berapa nomor telepon rumah Ibu?
   Nomor telepon rumah saya 021-1239764.
5. Berapa ukuran baju kaus ini?
   Ukuran baju kaus ini L.

会話　Percakapan　CD-28

Yuriko: Apa itu?
Yudono: Itu MONAS.
Yuriko: MONAS?
Yudono: Monumen Nasional.
Yuriko: Berapa tinggi MONAS itu?
Yudono: 137 meter.
　　　　Berapa tinggi Tokyo Tower?
Yuriko: 333 meter.

訳　Terjemahan

文型

1. 私の年齢は35歳です。
2. このネックレスの値段は25万ルピアです。
3. あの工場の従業員の総数は500名です。
4. 私の自宅の電話番号は021-1239764です。
5. このTシャツのサイズはLです。

例文

1. ハムザさんは何歳ですか？
   私の年齢は35歳です。
2. このネックレスの値段はいくらですか？
   このネックレスの値段は25万ルピアです。
3. あの工場の従業員の総数は何名ですか？
   あの工場の従業員の総数は500名です。
4. あなたの自宅の電話番号は何番ですか？
   私の自宅の電話番号は021-1239764です。
5. このTシャツのサイズはいくらですか？
   このTシャツのサイズはLです。

会話

百合子：　あれは何ですか？
ユドノ：　あれはモナスです。
百合子：　モナス？
ユドノ：　モヌメン・ナショナル（独立記念塔）。
百合子：　あのモナスの高さはいくらですか？
ユドノ：　137メートルです。
　　　　　東京タワーの高さはいくらですか？
百合子：　333メートルです。

新しい単語　Kosakata Baru

文型・例文

baju	服	bubur	お粥
baju kaus	Tシャツ	butir	～粒、～個
berapa	いくら、いくつ	cangkir	カップ、～杯
harga	値段	ekor	～匹、しっぽ
jumlah	合計、総数	es	氷
kalung	ネックレス	es teh	アイスティー
nomor	番号	gula	砂糖
nomor telepon	電話番号	kaleng	缶、～缶
Rp.	ルピア	kambing	山羊
tahun	年	kedua	第二（の）
ukuran	サイズ	ketiga	第三（の）
umur	年齢	lembar	～枚
		mangkuk	お椀、～杯

会話

meter	メートル	pertama	最初、第一（の）
MONAS (Monumen Nasional)	独立記念塔	pil	錠剤、ピル
tinggi	高い	sambal	サンバル
		telur	卵

文法 / 練習

ayam	鶏	air aqua	飲料水
bebek	アヒル	alamat	住所
biji	～粒、～個	badan	体
botol	瓶、～本	berat	重い
buah	～個、～台、～軒	berat badan	体重

第4課

biaya	費用	mesin cuci	洗濯機
biaya masuk	入場料	meter persegi	平方メートル
bir	ビール	mie	麺
Candi Borobudur	ボロブドゥール寺院	mie goreng	焼きそば
celana	ズボン	ongkos	料金、工賃
halaman	ページ、庭	ongkos jahit	仕立て代
ikan	魚	ongkos kirim	送料
jas	ジャケット	pesawat	飛行機
kacamata	眼鏡	polisi	警察官
kamar	部屋	PP (pulang pergi)	往復
kilo (gram)	キログラム	senti (meter)	センチ
kira-kira	だいたい	tanah	土地
losmen	ロスメン（民宿）	tarif	料金
luas	広い、面積	tiket	チケット
luas tanah	土地の面積	tinggi badan	身長

文法　Tata Bahasa

《この課でマスターできること》

●数の数え方

●疑問詞 Berapa

数に関することをたずねる場合は、berapa「いくら、いくつ」を使う。

Berapa umur Saudara Hamzah?　ハムザさんは何歳ですか？

●助数詞

Jumlah karyawan pabrik itu 500 orang.
あの工場の従業員の総数は500名です。

● 0から10までの数 ●　CD-29

まず最初に0から10までの数を覚えましょう。

0	nol/kosong
1	satu
2	dua
3	tiga
4	empat
5	lima
6	enam
7	tujuh
8	delapan
9	sembilan
10	sepuluh

● **11から99までの数** ● 🆑-30

1．11から19までは、belas を使って数えます。この belas は「10代の」という意味があります。11から19までの数は、英語の〜 teen の要領で読みます。11は satu belas とは言わず、satu が se- になり位を表す belas にくっついて sebelas となります。

> 11　sebelas
> 12　dua belas
> 13　tiga belas
> 14　empat belas
> 15　lima belas
> 16　enam belas
> 17　tujuh belas
> 18　delapan belas
> 19　sembilan belas

＊ポイント
11の場合だけ、belas が1を表す se- にくっついて一語になりますが、それ以外は dua belas のように二つの単語に分けて書きます。

2．10代の数は、puluh を使って言い表します。puluh は「10の位」という意味があります。10は sepuluh（11の場合と同様に se- は1を意味します）、20は dua puluh と言います。

＊ポイント
10の場合だけ、puluh が1を表す se- にくっついて一語になりますが、それ以外は dua puluh のように二つの単語に分けて書きます。

3．21から99までの数も puluh を使って数えます。いくつの puluh と端数がいくつという考え方です。

```
21   dua puluh satu
      ↑     ↑
    2つの10   1

99   sembilan puluh sembilan
```

● **100から999までの数** ●

100代の数は ratus を使って言い表します。ratus は「100の位」という意味があります。100は seratus と言います。

    100   seratus

    717   tujuh ratus tujuh belas

● **1.000から9.999までの数** ●

1.000代の数は ribu を使って言い表します。ribu は「1.000の位」という意味があります。

    1.000   seribu

    3.162   tiga ribu seratus enam puluh dua

＊ポイント
インドネシア語では3桁ごとの位取りには . を使います。, は koma と読み、小数点に使います。桁数の多い数字の読み書きには注意しましょう。

● **1万から90万代までの数** ●

10.000代から900.000代の数も ribu を使って言い表します。

    10.000   sepuluh ribu

    100.000   seratus ribu

    536.281   lima ratus tiga puluh enam ribu dua ratus delapan puluh satu

● **100万から9億代までの数** ●

1.000.000 代の数は juta を使って言い表します。juta は「100万の位」という意味があります。この juta は100万代から9億代までの数を数えるのに使います。

    100万   sejuta / satu juta

    500万   lima juta

第4課

● **10億、1兆の数** ●

10億は milyar、1兆は trilyun を使います。

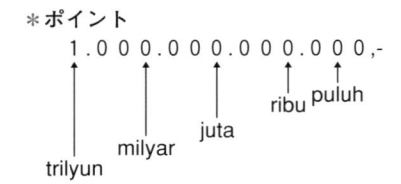

＊ポイント

```
1.000.000.000.000,-
```

↑ trilyun　↑ milyar　↑ juta　↑ ribu　↑ puluh

● **序数** ●

順番を表わす序数は、基数の前に ke- をつけます。ただし、satu には ke- をつけず pertama「第一、初めの」と単語が変わります。

 kedua 第二
 ketiga 第三

● **助数詞とその語順** ●

物の数を数える場合、その対象によってそれぞれ助数詞が決まっています。助数詞を使って数量を言い表す場合には、数→助数詞→数える物の名前の順に言います。

● **数えられる物に使う助数詞** ●

 orang ：人   seorang guru 1人の教師
 ekor ：動物   dua ekor kambing 2匹の山羊
 buah ：形状が不定の物 tiga buah mobil 3台の車
 lembar ：薄いシート状の物 selembar kertas 1枚の紙
 butir ：丸い物   dua butir telur bebek 2個のアヒルの卵
 biji ：小さい粒   tiga biji pil 3錠の錠剤

＊ポイント
人と動物以外の多くの物は buah を使って数えられます。本、家、家具、果物、車など。
biji は日常会話では、しばしば buah、butir などのかわりに使われることがあります。

● **数えられない物に使う助数詞** ●

容器を使って数える物もあります。同じ物でも、それが入っている入れ物によって容積が違ってしまう物は、容器が数量を数える単位になります。

piring ：料理は「皿」で数える
   sepiring nasi putih　　1 皿のご飯
gelas ：コップで飲む物は「コップ」で数える
   dua gelas es teh　　2 杯のアイスティー
cangkir ：カップで飲む物は「カップ」で数える
   tiga cangkir kopi　　3 杯のコーヒー
botol ：瓶に入っている物は「瓶」で数える
   sebotol sambal　　1 本のサンバル
kaleng ：缶に入っている物は「缶」で数える
   dua kaleng Fanta　　2 缶のファンタ
mangkuk ：お椀に入っている物は「お椀」で数える
   tiga mangkuk bubur ayam　　3 杯の鶏粥
sendok ：スプーンで数える物は「スプーン」で数える
   sesendok gula　　スプーン 1 杯の砂糖

● **数量、値段などを尋ねる疑問詞　berapa** ●

例文 1 から 5 までの質問の文のように、数に関することをたずねる場合は、疑問詞 berapa「いくら／いくつ」を使います。

  Berapa ini?　　これはいくらですか？

第 4 課

練習 I　　Latihan I

1．次の日本語をインドネシア語に訳してみましょう。
   1) 2人の子ども
   2) 5台のタクシー
   3) 1杯のコーヒー
   4) 3匹の魚
   5) 1皿の焼そば

2．次の文を読んで訳しましょう。
   1) Umur ayah saya 60 tahun.
   2) Umur ibu saya 53 tahun.
   3) Jumlah kamar hotel itu 500 kamar.
   4) Jumlah halaman buku ini 356 halaman.
   5) Harga kacamata itu Rp. 500.000,-.
   6) Harga roti ini Rp. 15.000,-.
   7) Nomor telepon rumah Hermanto 021-3864597.
   8) Nomor HP saya 081-2810-5916.
   9) Ukuran sepatu Ibu Irna 38.
   10) Ukuran jas itu XL.

3．次の文を読んで訳しましょう。
   1) Tinggi badan suami saya 175 senti meter.
   2) Berat badan saya 60 kilo gram.
   3) Luas tanah ini 180 meter persegi.
   4) Biaya masuk Candi Borobudur Rp.10.000,-.
   5) Ongkos jahit celana itu Rp. 380.000,-.
   6) Tarif losmen ini Rp.100.000,-.
   7) Harga tiket pesawat PP kira-kira Rp. 600.000,-.
   8) Harga arloji itu ¥24.000,-.
   9) Alamat kantornya Jalan Imam Bonjol Nomor 12.
   10) Alamat rumah Bapak Hendra Jalan Flores Nomor 5A.

練習Ⅱ　Latihan Ⅱ

1．次の会話をインドネシア語に訳しましょう。
   1）あなた（Anda）のお子さんは何歳ですか？
   　　私の子どもの年齢は9歳です。

   2）この本の値段はいくらですか？
   　　この本の値段は1.000ルピアです。

   3）あなた（Saudara）の会社の電話番号は何番ですか？
   　　私の会社の電話番号は021-5418763です。

   4）この手紙の送料はいくらですか？
   　　この手紙の送料は3.500ルピアです。

   5）この洗濯機の値段はいくらですか？
   　　この洗濯機の値段は700万ルピアです。

   6）ジョコさん（Bapak Joko）の体重はどのぐらいですか？
   　　彼の体重は85キロです。

   7）チャンドゥラさん（Bapak Candra）の身長はどのぐらいですか？
   　　彼の身長は170センチです。

   8）この土地の面積はどのぐらいですか？
   　　この土地の面積は650平方メートルです。

   9）ヨガさん（Ibu Yoga）の靴のサイズはいくつですか？
   　　私の靴のサイズは39です。

   10）この服のサイズはいくつですか？
   　　この服のサイズはMです。

練習Ⅲ　Latihan Ⅲ

1．CDを聞いて、読み上げられる数を書きましょう。　🆑-31

1) _____　　2) _____

3) _____　　4) _____

5) _____　　6) _____

7) _____　　8) _____

9) _____　　10) _____

2．CDを聞いて、内容と一致している絵を選びましょう。　🆑-32

①　　　　　　　　　　　②

③　　　　　　　　　　　④

⑤　　　　　　　　　　　⑥

1) ____　　2) ____　　3) ____　　4) ____　　5) ____　　6) ____

目で覚える単語　Menghafal dengan Gambar

Kata Sifat 1　形容詞 1

① tinggi ⇔ rendah 高い ⇔ 低い　② panjang ⇔ pendek 長い ⇔ 短い　③ berat ⇔ ringan 重い ⇔ 軽い　④ kecil ⇔ besar 小さい ⇔ 大きい　⑤ luas ⇔ sempit 広い ⇔ 狭い　⑥ gelap ⇔ terang 暗い ⇔ 明るい　⑦ tebal ⇔ tipis 厚い ⇔ 薄い　⑧ lemah ⇔ kuat 弱い ⇔ 強い　⑨ penuh ⇔ kosong 満杯の ⇔ 空っぽの

Kata Sifat 2　形容詞 2

① cepat ⇔ lambat 速い、早い ⇔ 遅い　② gembira ⇔ sedih 嬉しい ⇔ 悲しい　③ gemuk ⇔ kurus 太っている ⇔ 痩せている　④ dingin ⇔ panas 寒い、冷たい ⇔ 暑い、熱い　⑤ basah ⇔ kering 濡れた ⇔ 乾いた　⑥ bersih ⇔ kotor きれいな、清潔な ⇔ 汚れた、汚い　⑦ empuk ⇔ keras 柔らかい ⇔ かたい　⑧ kasar ⇔ halus 粗雑な ⇔ 細やかな、丁寧な　⑨ kaya ⇔ miskin 金持ちの ⇔ 貧乏な　⑩ jelek ⇔ cantik 悪い ⇔ 美人な

⟨Nusantara 博士のコラム⟩

　インドネシア人は省略形を考えるのが上手です。もともとある単語と同じになるように省略形を考え、語呂を楽しむユーモアに富んでいます。ところで、住所を見ると、そこにも省略形が使われています。インドネシアの住所は、Jl. から始まっています。これは「通り」を意味する Jalan の省略形です。例えば、Jl. Hasanuddin とは、ハサヌディン通りという意味です。通りの名前には、歴史上重要な人物名や、インドネシアの地名、花の名前などが使われています。

　地名にも省略形を使うことがあります。首都ジャカルタ市は、東西南北と中央の5つに分けられていますが、Jaktim は Jakarta Timur（東ジャカルタ）、Jakbar は Jakarta Barat（西ジャカルタ）、Jaksel は Jakarta Selatan（南ジャカルタ）、Jakut は Jakarta Utara（北ジャカルタ）、そして Jakpus は Jakarta Pusat（中央ジャカルタ）の省略形です。

　同様にジャワ島の地方名も、Jabar は Jawa Barat（西ジャワ：Bogor、Bandung などの地域）、Jateng は Jawa Tengah（中部ジャワ：Solo、Semarang などの地域）、Jatim は Jawa Timur（東ジャワ：Malang、Surabaya などの地域）と省略形を使うことがあります。

通りの名前を示す看板

pelajaran 5
第 5 課

曜日、日付け、時刻、時間

文型 Pola Kalimat CD-33

1. Hari ini hari Senin.
2. Kemarin tanggal 1 bulan Juli tahun 2005.
3. 2 hari yang lalu hari Sabtu.
4. 3 hari yang akan datang hari Kamis.
5. Sekarang jam 2 siang.

例文 Contoh Kalimat CD-34

1. Hari ini hari apa?
   Hari ini hari Senin.
2. Kemarin tanggal berapa?
   Kemarin tanggal 1 bulan Juli tahun 2005.
3. 2 hari yang lalu hari apa?
   2 hari yang lalu hari Sabtu.
4. 3 hari yang akan datang hari apa?
   3 hari yang akan datang hari Kamis.
5. Sekarang jam berapa?
   Sekarang jam 2 siang.

会話　Percakapan　CD-35

Yudono: Hari ini tanggal 25 bulan April.
Yuriko: Besok, hari ulang tahun saya.
Yudono: Oh, ya?
Yuriko: Ya.
Hari ulang tahun saya tanggal 26 bulan April.
Kapan hari ulang tahun Yudono?
Yudono: Tanggal 26 bulan April.
Yuriko: Eh?
Sama?
Yudono: Kebetulan!

訳　Terjemahan

文型
1．今日は月曜日です。
2．昨日は2005年7月1日でした。
3．2日前は土曜日でした。
4．3日後は木曜日です。
5．今、昼の2時です。

例文
1．今日は何曜日ですか？
　　今日は月曜日です。
2．昨日は何日でしたか？
　　昨日は2005年7月1日でした。
3．2日前は何曜日でしたか？
　　2日前は土曜日でした。
4．3日後は何曜日ですか？
　　3日後は木曜日です。
5．今、何時ですか？
　　今、昼の2時です。

会話
ユドノ：　今日は4月25日。
百合子：　明日は私の誕生日です。
ユドノ：　あ、そうですか？
百合子：　はい。
　　　　　私の誕生日は、4月26日です。
　　　　　ユドノの誕生日はいつですか？
ユドノ：　4月26日。
百合子：　え？
　　　　　同じ？
ユドノ：　偶然！

新しい単語　Kosakata Baru

文型・例文

bulan	月
hari	日
hari ini	今日
kemarin	昨日
sekarang	今
tanggal	日付け
yang akan datang	～後
yang lalu	～前

会話

besok	明日
eh	え？
hari ulang tahun	誕生日
kapan	いつ
kebetulan	偶然
oh	へえ、おー（感嘆詞）

sama	同じ

文法

detik	秒
kurang	足りない
lama	（時間が）長い、古い
lewat	過ぎた
menit	分
minggu	週
seperdua	2分の1、半分
seperempat	4分の1
setengah	2分の1、半分
tepat	ちょうど、ぴったり

練習

kemarin dulu	一昨日
lusa	明後日

文法　Tata Bahasa

《この課でマスターできること》

● 曜日をたずねる

Hari ini hari apa?　今日は何曜日ですか？
Hari ini hari Senin.　今日は月曜日です。

● 日付けをたずねる

Kemarin tanggal berapa?　昨日は何日でしたか？
Kemarin tanggal 1 bulan Juli tahun 2005.
昨日は2005年7月1日でした。

● 過去の日付け、曜日の表現

2 hari yang lalu hari apa?　2日前は何曜日でしたか？
2 hari yang lalu hari Sabtu.　2日前は土曜日でした。

● 未来の日付け、曜日の表現

3 hari yang akan datang hari apa?　3日後は何曜日ですか？
3 hari yang akan datang hari Kamis.　3日後は木曜日です。

● 時刻の表現

Sekarang jam berapa?　今、何時ですか？
Sekarang jam 2 siang.　今、昼の2時です。

● 疑問詞 Kapan「いつ」

Kapan hari ulang tahun Yudono?　ユドノの誕生日はいつですか？

● 曜日と月名 ●

まず初めに曜日、月の名前を覚えましょう。月の名前は英語とよく似ていますが、発音が違いますので注意しましょう。

曜日 CD-36

hari Minggu	日曜日
hari Senin	月曜日
hari Selasa	火曜日
hari Rabu	水曜日
hari Kamis	木曜日
hari Jumat	金曜日
hari Sabtu	土曜日

月 CD-37

bulan Januari	1月
bulan Februari	2月
bulan Maret	3月
bulan April	4月
bulan Mei	5月
bulan Juni	6月
bulan Juli	7月
bulan Agustus	8月
bulan September	9月
bulan Oktober	10月
bulan November	11月
bulan Desember	12月

● 曜日や月名をたずねる ●

例文1のように曜日名や月の名前をたずねる場合には、疑問詞 apa「何」を使います。また、apa の部分に曜日名、または月の名前を入れて答えます。

　　Hari ini hari apa?　今日は何曜日ですか？
　　　↓
　　Hari ini hari Senin.　今日は月曜日です。

　　Sekarang bulan apa?　今、何月ですか？
　　　↓
　　Sekarang bulan April.　今、4月です。

＊ポイント
　インドネシア語では月名は数字ではなく、それぞれの名前があります。

● 日付けをたずねる ●

例文2のように日付けをたずねる場合は、疑問詞 berapa「いくら／いくつ」を使います。日付けは、日にち、月、年の順に言います。

Kemarin tanggal berapa?　昨日は何日でしたか？
↓
Kemarin tanggal 1 bulan Juli tahun 2005.　昨日は2005年7月1日でした。

＊ポイント
インドネシアでは西暦を使っています。読み方は、tahun dua ribu lima（2005年）と読みます。2000年以前は、西暦の4桁を前半と後半の2桁に分けて、1985年を tahun sembilan belas delapan puluh lima という読み方もしていました。

● 過去の日付け、曜日の表現 ●

例文3のように、過去の日付け、曜日などをたずねる場合は、yang lalu（〜前）を使います。

　　2 hari yang lalu hari apa?　2日前は何曜日でしたか？

＊ポイント
上の例の hari を minggu（週）、bulan（月）、tahun（年）に入れかえれば、それぞれ○週間前、○か月前、○年前となります。○の中には、数字を入れます。

● 未来の日付け、曜日の表現 ●

例文4のように、未来の日付け、曜日などをたずねる場合は、yang akan datang（〜後）を使います。

　　3 hari yang akan datang hari apa?　3日後は何曜日ですか？

＊ポイント
上の例の hari を minggu（週）、bulan（月）、tahun（年）に入れかえれば、それぞれ○週間後、○か月後、○年後となります。○の中には、数字を入れます。

● **時刻の表現** ●

例文5のように時刻をたずねる場合は、疑問詞 berapa「いくら／いくつ」を使います。

　　　　Sekarang jam berapa?　　今、何時ですか？
　　1：00　　Jam 1/Tepat jam 1
　　1：05　　Jam 1 lewat 5 menit
　　1：15　　Jam 1 lewat seperempat
　　1：30　　Jam setengah 2
　　1：45　　Jam 2 kurang seperempat
　　1：55　　Jam 2 kurang 5 menit

1時 ちょうど
Tepat jam 1
ちょうど

1：05
Jam 1 lewat 5 menit
すぎた　　5分

1：15
Jam 1 lewat seperempat
すぎた　　$\frac{1}{4}$時間

1：55
Jam 2 kurang 5 menit
たりない　　5分

1：45
Jam 2 kurang seperempat
たりない　　$\frac{1}{4}$時間

1：30
Jam setengah 2
半分　次の時間の数

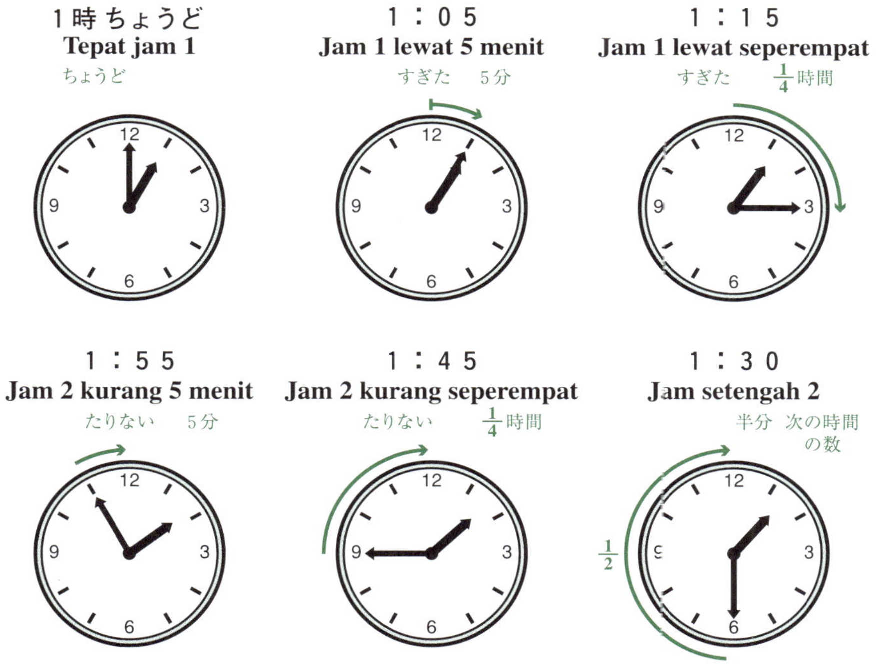

＊ポイント
　インドネシアでは日常生活における時刻を午前、午後という表現ではなく、時刻の後ろに朝（pagi）、昼（siang）、夕方（sore）、夜（malam）を使います。例えば、午前9時は jam 9 pagi、午後9時は jam 9 malam と言います。sore を使うのは、午後3時頃から夕方6時頃までです。なお、乗り物の時刻表などは0時から24時で表示されています。

第5課

● **分数の読み方** ●

時刻や時間の長さを言い表すのに分数を使います。分数は分子→ per →分母の順番に読みます。日本語の場合と順番が逆ですから注意しましょう。

＊ポイント
分子が 1 の場合は、「第 4 課　数と助数詞」で説明したとおり satu が se- になり、per と分母にくっついて一語になります。
　　　2 分の 1　　seperdua（ただし、時刻の表現には setengah を使います）
　　　4 分の 1　　seperempat
分子が 1 以外の場合は、分子を per の前に置き、スペースを入れて、per と分母がくっついて一語となります。

$$\frac{2}{5}\quad \begin{matrix}\text{dua}\\ \text{per}\\ \text{lima}\end{matrix}\qquad 5\text{分の}2\quad \text{dua perlima}$$

● **時間の長さの表現** ●

時刻の言い表わし方と語順を逆にすると、時間の長さの表現になります。

　　　Jam berapa?　何時ですか？　　　Jam 1.　1 時です。
　　　Berapa jam?　何時間ですか？　　1 jam.　1 時間です。

＊ポイント
上の例の Berapa jam? の jam を、menit「分」、detik「秒」に入れかえれば、「何分間ですか」、「何秒間ですか」、という意味になります。また、漠然とした時間の長さをたずねる場合は、Berapa jam? の jam を lama「長い」にかえ、「どのくらいの長さ／期間ですか。」と言うことができます。なお、日数などをたずねる場合には、berapa の後ろに hari「日」、minggu「週」、bulan「月」、tahun「年」を使い、「何日間ですか」、「何週間ですか」、「何か月間ですか」、「何年間ですか」、となります。

● **疑問詞 Kapan「いつ」** ●

「いつですか？」とたずねる場合、疑問詞 Kapan を使います。
　　　Kapan hari ulang tahun Yudono?　ユドノの誕生日はいつですか？

練習 I　Latihan I

1．次の日本語をインドネシア語に訳しましょう。
   1) 10月18日
   2) 8月17日
   3) 5時50分
   4) 3時半
   5) 1時15分

2．次の文を読んで訳しましょう。
   1) Hari ini hari Selasa.
   2) Besok hari Kamis.
   3) Kemarin hari Minggu.
   4) Kemarin dulu hari Jumat.
   5) Lusa hari Rabu.
   6) Tiga hari yang lalu hari Sabtu.
   7) Lima hari yang lalu hari Senin.
   8) Sepuluh hari yang lalu hari Rabu.
   9) Dua hari yang akan datang hari Selasa.
   10) Empat hari yang akan datang hari Jumat.

3．次の文を読んで訳しましょう。
   1) Hari ini tanggal 3 bulan Oktober.
   2) Besok tanggal 15 bulan Februari.
   3) Lusa tanggal 31 bulan Januari.
   4) Kemarin dulu tanggal 3 bulan Maret.
   5) Kemarin tanggal 17 bulan Agustus.
   6) Tahun ini tahun 2005.
   7) Tahun yang lalu tahun 2004.
   8) Tiga tahun yang akan datang tahun 2008.
   9) Dua tahun yang lalu tahun 2003.
   10) Sepuluh tahun yang akan datang tahun 2015.

練習 II　Latihan II

1．次の会話をインドネシア語に訳しましょう。

1）今日は何日ですか？
　　今日は 6 月 8 日です。

2）明日は何日ですか？
　　明日は11月 4 日です。

3）昨日は何曜日でしたか？
　　昨日は金曜日でした。

4）今月は何月ですか？
　　今月は 5 月です。

5）来年は何年ですか？
　　来年は2006年です。

6）今、何時ですか？
　　今、昼の12時です。

7）何時ですか？
　　 8 時半です。

8）何時間くらいですか？
　　 1 時間くらいです。

9）何日間くらいですか？
　　 3 日間くらいです。

10）何か月間ですか？
　　 2 か月です。

練習Ⅲ　Latihan Ⅲ

1．CD を聞いて書きましょう。また、意味を訳しましょう。　　🆑-38

1）

2）

3）

4）

5）

6）

7）

8）

9）

10）

2．CDを聞いて、内容と一致している絵を選びましょう。　CD-39

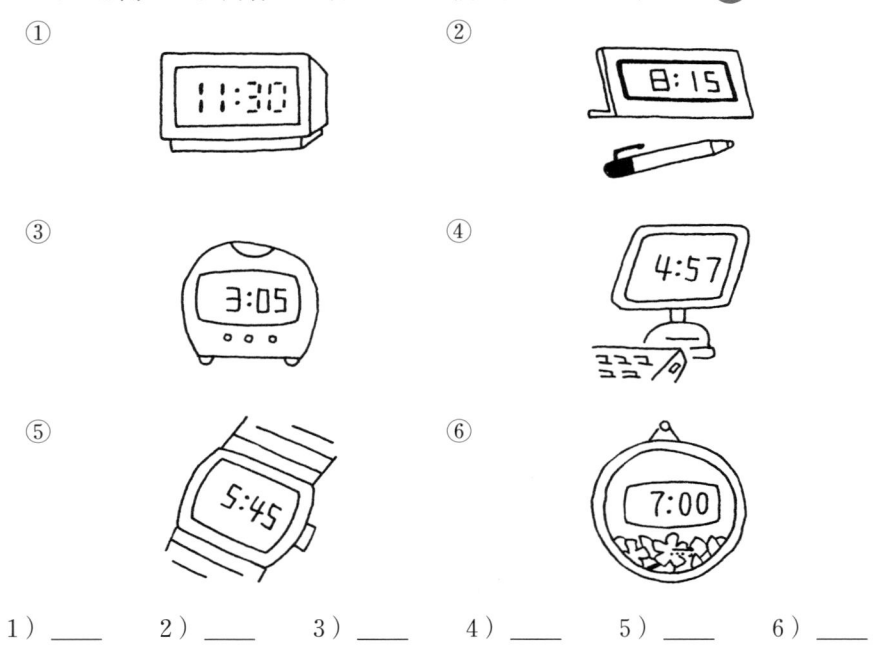

① 11:30
② 8:15
③ 3:05
④ 4:57
⑤ 5:45
⑥ 7:00

1）＿＿　2）＿＿　3）＿＿　4）＿＿　5）＿＿　6）＿＿

〈**Nusantara** 博士のコラム〉

　インドネシアでは国土の東西で2時間の時差があります。時間帯は3つに分かれています。イベントなどのスケジュールには、どの時間帯での時刻かが省略形で記載されています。西から順に、WIB（Waktu Indonesia Barat）西部インドネシア時間、WITA（Waktu Indonesia Tengah）中部インドネシア時間、WIT（Waktu Indonesia Timur）東部インドネシア時間です。日本時間を基準に考えれば、西から順にマイナス2時間、マイナス1時間、日本時間と時差なしとなっています。

　時差はテレビ番組の放送時間にも影響があります。ジャカルタのテレビ局から放送される番組は、中部と西部インドネシア時間では、それぞれ1時間、2時間の時差が生じてしまいます。ですから、東部インドネシア時間のゾーンに位置するマルク地方では、夜10時のニュースが夜中の12時にならないと観れないことになります。時間帯が異なる地域へ旅行する時は、腕時計の針を合わせるのをお忘れなく。

目で覚える単語　Menghafal dengan Gambar

Bentuk　形

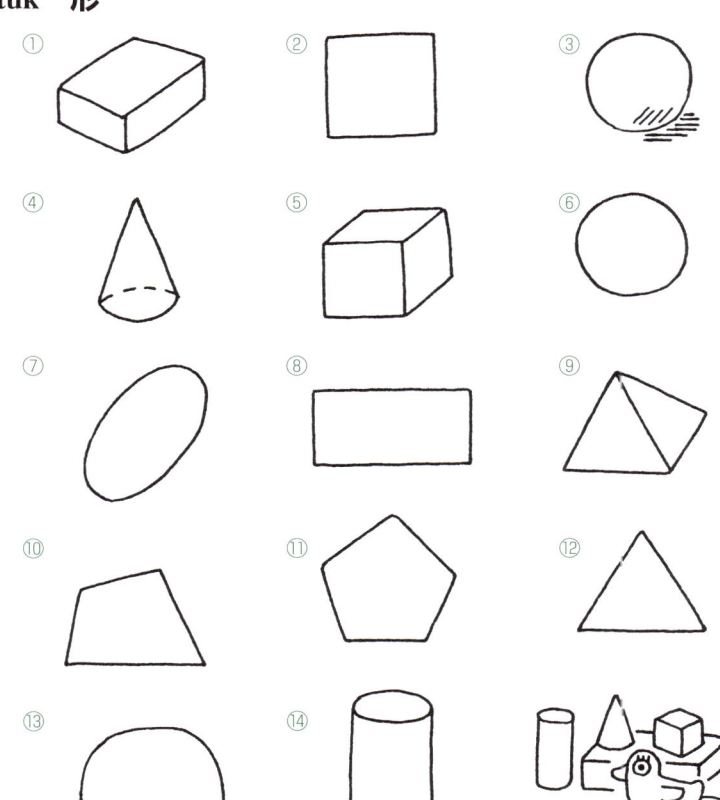

① balok 直方体　② bujur sangkar 正方形　③ bulat 球　④ kerucut 円錐形　⑤ kubus 立方体　⑥ lingkaran 円　⑦ oval 楕円　⑧ persegi panjang 長方形　⑨ piramida ピラミッド　⑩ segiempat 四角形　⑪ segilima 五角形　⑫ segitiga 三角形　⑬ setengah lingkaran 半円　⑭ silinder 円柱形

pelajaran 6
第 6 課

形容詞

文型　Pola Kalimat　CD-40

1. Ini baju baru.
2. Baju baru itu mahal.
3. Kebun ini sama luasnya dengan kebun itu.
4. Hendra lebih pendek daripada temannya.
5. Ratna paling tinggi di antara semua.

例文　Contoh Kalimat　CD-41

1. Apakah ini baju baru?
   Ya. Ini baju baru.
   Bukan. Ini bukan baju baru. Ini baju lama.
2. Apakah baju baru itu mahal?
   Ya. Baju baru itu mahal.
   Tidak. Baju baru itu tidak mahal. Baju baru itu murah.
3. Yang mana lebih luas, kebun ini atau kebun itu?
   Kebun ini sama luasnya dengan kebun itu.
4. Siapa yang lebih pendek, Hendra atau temannya?
   Hendra lebih pendek daripada temannya.
5. Siapa yang paling tinggi di antara semua?
   Ratna paling tinggi di antara semua.

会話　Percakapan　CD-42

Yuriko: Sandal ini bagus, ya.
　　　　Saya suka warna biru muda.
Pramuniaga: Silakan coba.
Yuriko: Sandal ini kecil.
　　　　Ada yang lebih besar?
Pramuniaga: Ya.
Yuriko: Ah, ini terlalu besar.
　　　　Ada yang lebih kecil?
Pramuniaga: Ini lebih kecil daripada sandal itu.
Yuriko: Sandal ini pas.

第6課

訳　Terjemahan

文型
1. これは新しい服です。
2. その新しい服は高いです。
3. この畑はあの畑と同じくらい広いです。
4. ヘンドゥラは彼の友達よりも背が低いです。
5. ラトゥナはみんなの中で一番背が高いです。

例文
1. これは新しい服ですか？
   はい。これは新しい服です。
   いいえ。これは新しい服ではありません。これは古い服です。
2. その新しい服は（値段が）高いですか？
   はい。その新しい服は（値段が）高いです。
   いいえ。その新しい服は（値段が）高くありません。その新しい服は安いです。
3. この畑とあの畑では、どちらが広いですか？
   この畑はあの畑と同じくらい広いです。
4. ヘンドゥラと彼の友達とでは、誰が（より）背が低いですか？
   ヘンドゥラは彼の友達よりも背が低いです
5. みんなの中で、誰が一番背が高いですか？
   ラトゥナはみんなの中で一番背が高いです。

会話
百合子：　このサンダルは素敵ですね。
　　　　　私は水色が好きです。
店員：　どうぞ、お試しください。
百合子：　このサンダルは小さいわ。
　　　　　もっと大きいのはありますか？
店員：　はい。
百合子：　あぁ～、これは大きすぎる。
　　　　　もっと小さいのはありますか？
店員：　こちらはあちらのサンダルよりも小さいです。
百合子：　このサンダルはピッタリだわ。

新しい単語　Kosakata Baru

文型・例文

antara	（～の）間
atau	または
baru	新しい
daripada	～よりも
dengan	～と一緒に、～で
di	～で、～に
kebun	畑
lebih	より～
mahal	（値段が）高い
murah	安い
paling	最も、一番
semua	みんな、全部
siapa yang	（～の人は）誰
tidak	いいえ、～ではない
yang mana	どちら

会話

ada yang	（～なのは）ある
ah	ああ
bagus	（服、色などが）良い
biru	青い
biru muda	水色
pas	ちょうど、ぴったり
pramuniaga	店員
sandal	サンダル
silakan	どうぞ
Silakan coba.	どうぞお試しください。
suka	好き
terlalu	～過ぎる
warna	色
～, ya.	～ですね。

文法

enak	美味しい
sangat	大変～、非常に
sekali	大変～、とても～

練習

acara	（催し物の）予定、番組、行事
baik	（性格・天候が）良い
barang	物、荷物
buatan	～製
bunga	花
daging	肉
daging sapi	牛肉
dunia	世界

第6課

DVD	DVD	muda	若い
fosil	化石	pahit	苦い
gedung	建物、ビル	pedas	辛い
gunung	山	perbelanjaan	買い物
Gunung Jayawijaya	ジャヤウィジャヤ山	pintar	頭がよい、賢い
indah	美しい	pusat	中央、センター
jauh	遠い	pusat perbelanjaan	ショッピングセンター
jeruk	みかん	rajin	真面目な、勤勉な
kelas	クラス	ramai	賑やかな
lemari es	冷蔵庫	rambut	髪の毛
malas	怠惰な	sapi	牛
manis	甘い	seluruh	全〜
meja tulis	勉強机、事務机	seluruh dunia	全世界
menarik	面白い	tempat	場所、容器
merah	赤い	tempat tidur	ベッド
model	デザイン	tua	年老いた、古い

文法　Tata Bahasa

> **《この課でマスターできること》**
>
> ●形容詞と語順
>
> 　Ini baju baru.　これは新しい服です。
> 　　　↑　　↑
> 　　　服 + 新しい
>
> ●形容詞の否定「**tidak** 形容詞」
>
> 　Baju baru itu tidak mahal.　あの新しい服は高くありません。
>
> ●同等の表現「**A** は **B** と同じくらい〜です。」
>
> 　A sama 形容詞 -nya dengan B.
> 　Kebun ini sama luasnya dengan kebun itu.
> 　この畑はあの畑と同じくらい広いです。
>
> ●比較の表現「**A** は **B** より〜です。」
>
> 　A lebih 形容詞 daripada B.
> 　Hendra lebih pendek daripada temannya.
> 　ヘンドゥラは彼の友達よりも背が低いです。
>
> ●最上級の表現「**A** は（〜の中で）一番〜です。」
>
> 　A paling 形容詞（di antara 〜）.
> 　Ratna paling tinggi di antara semua.
> 　ラトゥナはみんなの中で一番背が高いです。

● 形容詞を使った場合の語順 ●

文型1のように、インドネシア語では修飾する語と修飾される語の語順が日本語の語順と逆になります。つまり、「新しい服」は、「服 + 新しい」となります。

　　baju baru　　新しい服

● 指示代名詞と形容詞を同時に使う場合の語順 ●

文型2のように、指示代名詞の ini や itu を形容詞などの修飾語と同時に使う場合は、ini や itu は一番最後に置かれます。

　　Baju baru itu mahal.　その新しい服は高い。

● **否定詞 tidak** ●

例文 2 の答えの文のように、形容詞を否定する場合は否定詞 tidak「～ではない」を使います。否定詞 tidak は形容詞の前に置きます。

> mahal　（値段が）高い
> ↓
> tidak mahal　～ではない　＋　高い
> ↓
> Baju baru itu tidak mahal.　あの新しい服は高くありません。

＊ポイント
　名詞を否定する否定詞 bukan との使い分けに注意しましょう。

● **同等の表現　A は B と同じくらい～です。** ●

文型 3 のように、2 つの物を比較してその状態、様子が同じようであるという場合、次の 2 つの構文に従って表現することができます。

　①A sama 形容詞 -nya dengan B.

　　Kebun ini sama luasnya dengan kebun itu.
　　この畑はあの畑と同じくらい広いです。

＊ポイント
　形容詞に -nya をつけると、その形容詞が名詞になります。つまり、luas「広い」が、luasnya「広さ」となります。

　②A se- 形容詞　B.

　　Kebun ini seluas kebun itu.
　　この畑はあの畑と同じくらい広いです。

＊ポイント
　se- は「同じ」という意味を持ちます。

● **選択の表現** ●

例文 3 の質問の文のように、「どちら／どっち」という選択の表現には、疑問詞 Yang mana を使い、選択肢は atau「または」でつなぎます。

　　Yang mana lebih luas, kebun ini atau kebun itu?
　　この畑とあの畑では、どちらが広いですか？

● **比較の表現　A は B より～である。** ●

文型４のように、２つの物を比較して「より～である」という場合、次の構文に従って表現することができます。

　　A lebih 形容詞 daripada B.

　　　Hendra lebih pendek daripada temannya.
　　　ヘンドゥラは彼の友達よりも背が低いです。

● **最上級の表現　A は一番／最も～である** ●

文型５のように、「一番／最も」という場合、次の構文に従って表現することができます。

　　A paling 形容詞.

　　　Ratna paling tinggi di antara semua.
　　　ラトゥナはみんなの中で、一番背が高いです。

＊ポイント
　最上級の表現方法には、他に形容詞に接頭辞 ter- を付ける方法もあります。
　Ratna paling tinggi di antara semua. = Ratna tertinggi di antara semua.

● **形容詞の強調「とても～だ」** ●

形容詞を強調して「とても／大変～だ」という場合は、２つの言い方があります。

　　①形容詞 + sekali

　　　Masakan Ibu Wati enak sekali.　ワティさんの料理はとても美味しいです。

　　② sangat ＋形容詞

　　　Masakan Ibu Wati sangat enak.　ワティさんの料理はとても美味しいです。

＊ポイント
　sekali と sangat では、使う場合の語順が違うので注意しましょう。

● **過度の表現** ●

状態が過度であることを表現する場合は、次の２つの言い方があります。

　　① terlalu ＋形容詞

　　　Celana ini terlalu panjang.　このズボンは長すぎます。

　　② ke- 形容詞 -an

　　　Celana ini kepanjangan.　このズボンは長すぎます。

練習 I　Latihan I

1．次の日本語をインドネシア語に訳してみましょう。
　　1）同じくらい太っている（se- を使って）
　　2）より清潔な
　　3）一番長い
　　4）とても美しい（sekali を使って）
　　5）苦すぎる

2．次の文を読んで訳しましょう。
　　1）Kamar ini luas.
　　2）Mobil merah itu bagus.
　　3）Gedung ini tinggi.
　　4）Rumahnya jauh.
　　5）Dokter itu baik.
　　6）Budiman rajin sekali.（Budiman：人名）
　　7）Meja tulis ayah saya berat.
　　8）Lemari es ini besar.
　　9）Tempat tidur saya kecil.
　　10）Masakan Indonesia enak.

3．次の文を読んで訳しましょう。
　　1）Biaya sekolah itu mahal sekali.
　　2）Harga barang buatan Jepang sangat mahal.
　　3）Teh Jepang tidak manis.
　　4）Acara televisi itu menarik.
　　5）Pusat perbelanjaan ini terlalu ramai.
　　6）Bunga ini sama indahnya dengan bunga itu.
　　7）Anak saya setinggi anak Ibu Tuti.
　　8）Kamar ini lebih terang daripada kamar itu.
　　9）Mereka lebih tua daripada saya.
　　10）Fosil ini paling tua di seluruh dunia.

練習Ⅱ　Latihan Ⅱ

1．次の会話をインドネシア語に訳しましょう。

1) それは新しい DVD ですか？
はい。これは新しい DVD です。

2) その牛肉はかたいですか？
いいえ。この牛肉は柔らかいです。

3) ミナ（Minah）の髪は私の髪より長いですか？
はい。ミナの髪は私の髪より長いです。

4) ドディ（Dodi）とウスマン（Usman）では、どちらが（より）痩せていますか？
ドディはウスマンより痩せています。

5) この家とあの家は同じ広さですか？
いいえ。この家はあの家より広いです。

6) 百合子とティカ（Tika）では、どちらが（より）若いですか？
ティカは百合子より若いです。

7) 誰がみんなの中で一番太っていますか？
インドゥラ（Indra）はみんなの中で一番太っています。

8) 誰がクラスで一番賢いですか？
ハルディオノ（Hardiono）はクラスで一番賢いです。

9) このコーヒーは苦いですか？
はい。このコーヒーは苦すぎます。

10) この料理は辛すぎますか？
いいえ。この料理は辛くないです。

練習Ⅲ　Latihan Ⅲ

1．CDを聞いて書きましょう。また、意味を訳しましょう。　CD-43

　　1)

　　2)

　　3)

　　4)

　　5)

　　6)

　　7)

　　8)

　　9)

　　10)

2．CDを聞いて、内容と一致している絵を選びましょう。　CD-44

① ②

③  ④

⑤ 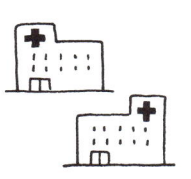 ⑥

1）____　2）____　3）____　4）____　5）____　6）____

第6課

目で覚える単語　Menghafal dengan Gambar

Kota　町

① gedung ビル　② gereja 教会　③ lampu lalu lintas 信号機　④ rumah sakit 病院　⑤ kantor pos 郵便局　⑥ bank 銀行　⑦ hotel ホテル　⑧ stasiun kereta api 駅　⑨ pompa bensin ガソリンスタンド　⑩ rumah makan 食堂　⑪ pasar swalayan スーパーマーケット　⑫ tempat parkir 駐車場　⑬ kaki lima 屋台　⑭ telepon umum 公衆電話　⑮ kondominium コンドミニアム　⑯ mesjid モスク　⑰ jalan 道、通り　⑱ kotak surat 郵便受　⑲ bel 呼び鈴　⑳ garasi 車庫　㉑ balkon バルコニー　㉒ atap 屋根

〈Nusantara 博士のコラム〉

　インドネシアには、地方ごとにさまざまな料理があります。また、地方によって使う食材もバラエティーに富んでいます。たまに、日本では食べないものも使われているので、初めての時はドキッとします。

　料理の味もさまざまですが、初めから辛く味付けされている料理もあれば、sambal という唐辛子、にんにく、トマトなどをペースト状にした辛味調味料が別添えにされていて、好みによって sambal をかけて食べるものもあります。

　近年、市販されているインスタント調味料もその数が豊富になり、家庭でも生のハーブなどを使わずに手軽に料理することができるようになりました。

いろいろなサンバル、インスタント調味料

　インドネシア人は、右手で直に食べるか、またはスプーンとフォークを使って食べます。ナイフは使いません。スプーンは右手に、フォークは左手に持ちます。口に入れるのはスプーンの方で、フォークはお皿の上の肉や魚などをおさえるのに使ったり、また、おかずをスプーンにのせるのに使います。家庭では、スープもご飯もおかずも一枚のお皿にのせて食べるのが一般的です。これらを campur（混ぜる）して食べると、いっそう美味しさが増すというのですが、どうでしょう。

　イスラム教徒が多いインドネシアでは、Halal という文字が目につきます。これは豚などを中心に、イスラム教の教えの中で Haram、つまり清くないとされるものをいっさい使用していないという証明です。主に、食品や化粧品など、口にしたり、体につけるものは Halal であるかどうかは重要なことです。

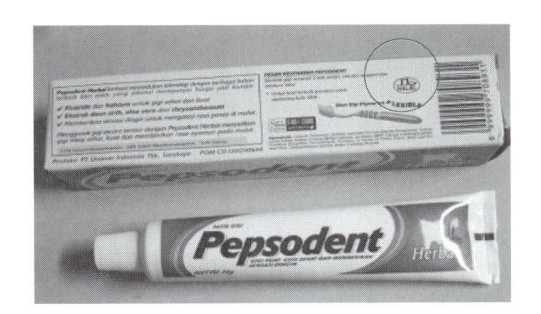

Halal のマーク

第6課

ulangan
復習1

1．次の表の空欄に適切な人称代名詞を入れましょう。

	単数	複数
一人称	(　　　)	(　　　　　) 話し相手を含む (　　　　　) 話し相手を含まない
二人称	Bapak Ibu (　　　) (　　　) Anda (　　　)	(　　　　　　) (　　　　　　) Saudara-saudara Saudari-saudari (　　　　　　) Kalian
三人称	dia beliau	(　　　　)

2．日本語と同じ意味になるように、単語を並びかえて文章を完成させましょう。

1）これは私の家です。
rumah, ini, saya

2）彼は私の兄の友人です。
kakak, teman, laki-laki, saya, dia

3）あの車は新しいです。
baru, itu, mobil

4）あなたはどなたですか？
Bapak, siapa, nama

5）私の名前は田村一郎です。
Ichiro Tamura, saya, nama

6）彼女は大学生ではありません。
bukan, mahasiswi, dia

7）あの大きな建物はホテルではありません。
hotel, itu, besar, bukan, gedung

8）このナシゴレンは美味しくありません。
enak, nasi goreng, tidak, ini

9）あなたの腕時計は（値段が）高いです。
mahal, tangan, jam, Ibu

10）キムさんは台湾人ではありません。
Taiwan, Nyonya Kim, orang, bukan

3．次のインドネシア語に間違いがあれば正しく直し、日本語に訳してみましょう。

1）Ini lama CD.
2）Toko ini lebih besar daripada toko itu.
3）Itu sepeda motor dia.
4）Saya tidak dokter.
5）Tono tingginya sama dengan Joko.
6）Terpandai dia di kelasnya.
7）Badan berat saya 50 kilo kira-kira.
8）Surabaya lebih ramai daripada Bandung.
9）Kamar ini sama luasnya dengan kamar saya.
10）Itu bukan tas saya.

4．次の日本語をインドネシア語に訳してみましょう。
   1）今日は何曜日ですか？
   2）今日は火曜日です。
   3）明日は何日ですか？
   4）明日は5月1日です。
   5）今月は9月です。
   6）何日間ですか？
   7）何年間ですか？
   8）何時間ですか？
   9）今何時ですか？
   10）これはいくらですか？

5．次の時刻をインドネシア語で言ってみましょう。
   1）朝8時15分
   2）夜10時
   3）3時半
   4）6時55分
   5）2時10分
   6）4時40分
   7）8時45分
   8）6時ちょうど
   9）11時25分
   10）12時55分

6．曜日名と月名を答えましょう。
   1）日曜日
   2）月曜日
   3）火曜日
   4）水曜日
   5）木曜日
   6）金曜日
   7）土曜日

8) 1月　bulan _____
9) 2月　bulan _____
10) 3月　bulan _____
11) 4月　bulan _____
12) 5月　bulan _____
13) 6月　bulan _____
14) 7月　bulan _____
15) 8月　bulan _____
16) 9月　bulan _____
17) 10月　bulan _____
18) 11月　bulan _____
19) 12月　bulan _____

7．下の単語の反意語を答えましょう。

1) panas　　⇔
2) luas　　⇔
3) besar　　⇔
4) panjang　⇔
5) mahal　　⇔
6) tinggi　　⇔
7) muda　　⇔
8) gemuk　　⇔
9) basah　　⇔
10) berat　　⇔

pelajaran 7
第 7 課

動詞　その1

文型　Pola Kalimat　CD-45

1. Kakak perempuan saya ada di kantor.
2. Saya akan pergi ke Indonesia.
3. Dia sudah kembali dari sekolah.
4. Dia belum tidur.
5. Mereka tidak minum minuman keras.

例文　Contoh Kalimat　CD-46

1. Kakak perempuan Hardi ada di mana?
   Kakak perempuan saya ada di kantor.
2. Apakah kamu pergi ke Indonesia?
   Ya. Saya akan pergi ke Indonesia.
3. Apakah dia sudah kembali dari sekolah?
   Ya. Dia sudah kembali dari sekolah.
4. Apakah dia sudah tidur?
   Belum. Dia belum tidur.
5. Apakah mereka minum minuman keras?
   Ya. Mereka minum minuman keras.
   Tidak. Mereka tidak minum minuman keras.

会話　Percakapan　CD-47

Pelayan:	Selamat malam.
	Berapa orang?
Yuriko:	3 orang.
Pelayan:	Silakan.
	Minum apa, Bu?
Yuriko:	Saya mau jeruk panas.
Hanako:	Saya mau es teh.
Minoru:	Saya mau bir.
Pelayan:	Bapak mau minum bir apa?
	Ada bir Bintang, Bali Hai, Angker, Asahi dan Heineken.
Minoru:	Bir Bintang saja.
Pelayan:	Baik.

第7課

訳　Terjemahan

文型
1．私の姉はオフィスにいます。
2．私はインドネシアへ行きます。
3．彼はもう学校から戻りました。
4．彼はまだ寝ていません。
5．彼らはお酒を飲みません。

例文
1．ハルディのお姉さんはどこにいますか？
　　私の姉はオフィスにいます。
2．君はインドネシアへ行きますか？
　　はい。私はインドネシアへ行きます。
3．彼はもう学校から戻りましたか？
　　はい。彼はもう学校から戻りました。
4．彼はもう寝ましたか？
　　いいえ。彼はまだ寝ていません。
5．彼らはお酒を飲みますか？
　　はい。彼らはお酒を飲みます。
　　いいえ。彼らはお酒を飲みません。

会話
レストランで
　店員：　こんばんは。
　　　　　何名様ですか？
　百合子：３名です。
　店員：　どうぞ。
　　　　　何をお飲みになりますか？
　百合子：私はホットオレンジが欲しいわ。
　華子：　私はアイスティーが欲しいわ。
　実：　　僕はビール。
　店員：　何ビールがよろしいですか？
　　　　　ビンタン、バリハイ、アンカー、アサヒとハイネケンがございます。
　実：　　ビンタンビールで。
　店員：　かしこまりました。

新しい単語　Kosakata Baru

文型・例文

ada	ある、いる、持っている
akan	〜するでしょう
belum	まだ〜していない
dari	〜から
ke	〜へ
kembali	戻る
minum	飲む
minuman	飲み物
minuman keras	お酒
pergi	行く
sudah	もう〜した
tidur	寝る

会話

Baik.	かしこまりました。
Bintang	ビンタン(ビール名)
bintang	星
dan	〜と〜
jeruk panas	ホットオレンジジュース
mau	〜が欲しい
pelayan	店員
saja	〜だけ

文法

Bogor	ボゴール（地名）
datang	来る
gado-gado	ガドガド（料理名）
keluar	外出する、出る
Lombok	ロンボック（地名）
makan	食べる
Malaysia	マレーシア
mandi	マンディ（水浴び）する
masih	まだ〜している
orang tua	両親
pernah	かつて
pulang	帰る
sedang	〜しているところ（進行形）
sop	スープ
telah	もう〜した（sudah の文語体）
tinggal	住む、留まる、残る

練習

anggur	ぶどう、ワイン
anjing	犬

第7課

Bandung	バンドゥン（地名）	masuk	入る
bangku	長椅子	mati	死ぬ
bangun	起きる	mundur	後退する
capcai	チャプチャイ（八宝菜）	naik	乗る、上がる
		pagi-pagi	朝早く
Cipanas	チパナス（地名）	pasien	患者
desa	村	pindah	移動する、引っ越す
duduk	座る		
hidup	生きる、生活する	pindah kerja	転職する
ingat	覚えている、思い出す	pohon	木
		putus	切れる
Jakarta	ジャカルタ（地名）	selatan	南
jatuh	落ちる、転ぶ	singgah	立ち寄る
kabel	ケーブル	Solo	ソロ（地名）
kawin	結婚する	stasiun	駅
kelapa	椰子	Sukabumi	スカブミ（地名）
kelinci	ウサギ	sungai	川
kereta	汽車	Surabaya	スラバヤ（地名）
kerja	仕事	susu	牛乳
lantai	床	tadi malam	昨晩
lupa	忘れる	tadi pagi	今朝
maju	前進する	tahu	知っている
makan siang	昼食、昼食をとる	tangga	階段
malam-malam	夜遅く		

tiba	到着する	utara	北
turun	降りる、下がる		

文法　Tata Bahasa

《この課でマスターできること》

●語根動詞
　Saya makan gado-gado.　私はガドガドを食べます。

●動詞を使った疑問文
　Apakah Anda mandi sekarang?
　あなたは今、マンディ（水浴び）しますか？

●動詞の時制
　現在： Saya minum kopi.　私はコーヒーを飲みます。
　未来： Saya akan minum kopi.　私はコーヒーを飲むでしょう。
　過去： Dia sudah minum kopi.　彼はもうコーヒーを飲みました。
　未然： Dia belum minum kopi.　彼はまだコーヒーを飲んでいません。

●動詞の否定
　Saya tidak makan gado-gado.　私はガドガドを食べません。

●場所を表す前置詞「〜で／〜に」「〜へ」「〜から」
　Orang tua saya tinggal di Bogor.　私の両親はボゴールに住んでいます。
　Kami pergi ke Lombok.　私たちはロンボックへ行きます。
　Mereka datang dari Malaysia.　彼らはマレーシアから来ました。

● 人称や時制と動詞の綴り ●

インドネシア語の動詞は、主語の人称や時制によって単語のつづりが変わりません。時制は、時制を表す助動詞を動詞の前に置くことで確定します。

● 語根動詞 ●

文型1から5で使われている ada、pergi、kembali、tidur、minum は語根動詞と呼ばれます。語根とは、辞書に載っている単語のかたちのことです。語根動詞は、数としてはそれほど多くはありません。また、日常生活の中で、ごく自然に行う行為を表す単語に多くみられます。

● 動詞の時制 ●

文型1の ada という動詞は、「ある」「いる」という意味です。例文では、ada は現在形の表現として使われています。現在を表す場合は、助動詞を何も置きません。

　　　Kakak perempuan saya ada di kantor.　私の姉はオフィスにいます。

＊ポイント
　進行形の表現は、動詞の前に sedang「〜しているところ」を置きます。
　Kakak perempuan saya sedang keluar.　私の姉は外出中です。

● 未来を表す助動詞 akan ●

文型2は、未来形の表現です。未来の意味を表現するには、動詞の前に akan「〜するでしょう」という助動詞を置きます。

　　　Saya akan pergi ke Indonesia.　私はインドネシアへ行くでしょう。

● 過去を表す助動詞 sudah ●

1．文型3は、過去形の表現です。過去の意味を表現するには、動詞の前に sudah「もう〜した」という助動詞を置きます。

　　　Dia sudah kembali dari sekolah.　彼はもう学校から戻りました。

2．kemarin「昨日」など時を表す言葉を使う場合は、sudah を省略することもできます。

　　　Kemarin Bapak Yohana kembali dari Tokyo.
　　　昨日、ヨハナさんは東京から戻ってきました。

＊ポイント
　sudah は主に口語で使い、文語では telah を使います。
　Mereka sudah pulang.　　彼らはもう帰りました。
　Mereka telah pulang.

● 未然を表す助動詞 belum ●

文型4は、未然の意味をもっています。未然の表現は、動詞の前に belum「まだ〜していない」という助動詞を置きます。

　　　Dia belum tidur.　彼はまだ寝ていません。

● 経験を表す表現 pernah ●

助動詞の後ろに pernah「かつて」を置くと、「かつて〜したことがある」、「まだ〜したことがない」というように経験の有る無しを表現することができます。

  Saya sudah pernah makan masakan Indonesia.
  私はかつてインドネシア料理を食べたことがあります。

  Saya belum pernah makan masakan Indonesia.
  私はまだインドネシア料理を食べたことがありません。

● 継続を表す表現 masih ●

動作や状態の継続の表現は、助動詞 masih「まだ〜している」を使います。

  Anak saya masih tidur.　私の子どもはまだ寝ています。

  Sop ini masih panas.　このスープはまだ熱いです。

● 動詞の否定 tidak ●

文型5のように、動詞を否定する場合は否定詞 tidak「〜ではない」を使います。否定詞は否定しようとする動詞の前に置きます。

    minum　　飲む
    ↓
  tidak minum　　飲まない
    ↓
  Mereka tidak minum minuman keras.　彼らはお酒を飲みません。

● 場所を表す前置詞 ●

場所名の前には、前置詞 di「〜で／〜に」、ke「〜へ」、dari「〜から」を使います。

  di Indonesia　　インドネシアで
  ke Indonesia　　インドネシアへ
  dari Indonesia　　インドネシアから

● はい、いいえ式の疑問文　その2 ●

Apakah を文頭に置く方法と、肯定文の文末を尻上がりに発音する方法があります。

  Apakah Anda mandi sekarang?　あなたは今、マンディしますか？
  Anda mandi sekarang? ↗

練習 I　　Latihan I

1．次の日本語をインドネシア語に訳してみましょう。
   1) 自転車に乗る
   2) 家へ帰る
   3) 日本から来る
   4) 椅子に座る
   5) 部屋から出る

2　次の文を読んで訳しましょう。
   1) Ibu saya bangun pagi-pagi.
   2) Ayah saya tidur malam-malam.
   3) Yono tidak makan capcai.
   4) Pak Anton minum anggur.
   5) Kami datang dari Surabaya.
   6) Saya tidak naik bis.
   7) Pasien itu duduk di bangku.
   8) Anjingnya mati.
   9) Kusuma jatuh dari tangga.
   10) Siti tidak tahu alamat rumah Roy.

3．次の文を読んで訳しましょう。
   1) Suami saya belum pulang dari kantor.
   2) Anak saya sudah masuk SD.
   3) Mereka mandi di sungai.
   4) Iwan turun kereta di stasiun Bandung.
   5) Kami pindah rumah.
   6) Teman saya pindah kerja.
   7) Orang tua Sandi tinggal di Cipanas.
   8) Saya sudah lupa nomor telepon Anda.
   9) Kita singgah di toko roti ini.
   10) Kakak laki-laki saya belum kawin.

練習Ⅱ　Latihan Ⅱ

1．次の会話をインドネシア語に訳しましょう。

1）エカさん（Ibu Eka）は牛乳を飲みますか？
いいえ。私は牛乳を飲みません。

2）西野さん（男性）はもうスカブミ（Sukabumi）に着きましたか？
はい。彼はもうスカブミに着きました。

3）あなた（Bapak）はレトノさん（Ibu Retno）の電話番号を知っていますか？
いいえ。私は彼女の電話番号を知りません。

4）あなたは（Saudari）シンディさん（Ibu Sindi）の住所を覚えていますか？
はい。私は彼女の住所を覚えています。

5）彼のおばさんは南ジャカルタに住んでいますか？
いいえ。彼のおばさんは北ジャカルタに住んでいます。

6）あなた（Anda）のご両親はジャカルタで生活していますか？
いいえ。私の両親は村で生活しています。

7）あの車は前進していますか？
いいえ。あの車はバックしています。

8）あの方はソロから来ましたか？
はい。あの方はソロから来ました。

9）あなた（Ibu）は私の携帯電話の番号を覚えていますか？
いいえ。私はもう忘れました。

10）スシ（Susi）は今、オフィスにいますか？
いいえ。スシはもう帰りました。

練習Ⅲ　Latihan Ⅲ

1．CDを聞いて書きましょう。また、意味を訳しましょう。　🆑-48

1）

2）

3）

4）

5）

6）

7）

8）

9）

10）

2．CD を聞いて、内容と一致している絵を選びましょう。　　CD-49

① ②  ③  ④  ⑤  ⑥

1)____　2)____　3)____　4)____　5)____　6)____

目で覚える単語　Menghafal dengan Gambar

Kata Preposisi untuk Tempat　場所の前置詞

① di atas 上に、上で　② di bawah 下に、下で　③ di depan 前に、前で
④ di belakang 後ろに、後ろで　⑤ di dalam 中に、中で　⑥ di luar 外に、外で
⑦ di seberang 向こう側に、向こう側で　⑧ di samping 横に、横で、側に、側で
⑨ di tengah 真ん中に、真ん中で　⑩ di antara 間に、間で　⑪ di pinggir 端に、端で

Bagian Tubuh　体の部分

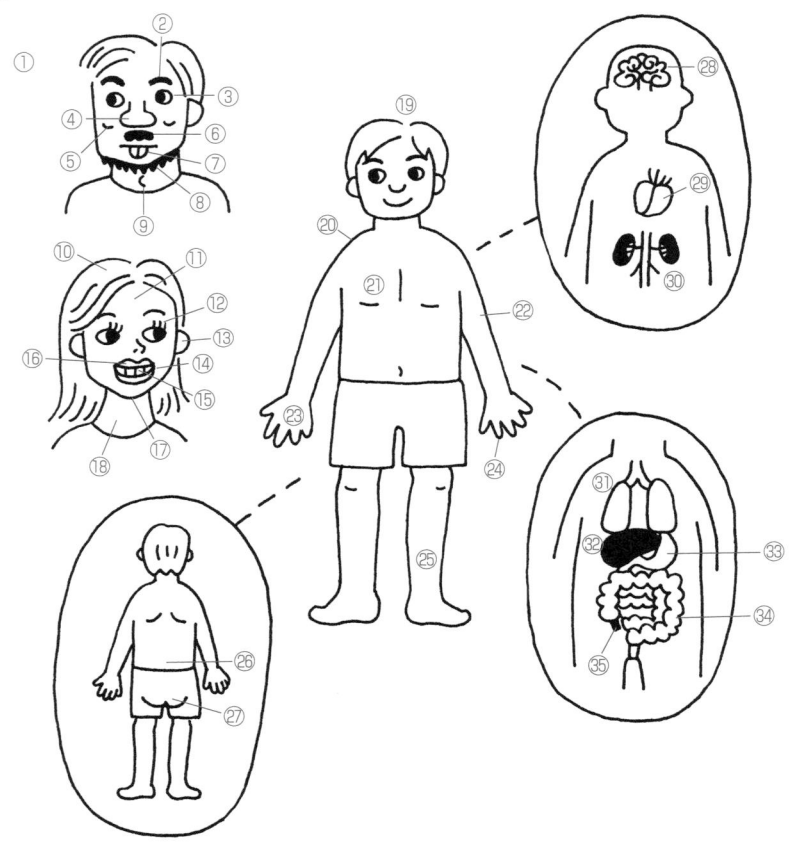

① muka 顔　② alis まゆげ　③ mata 目　④ hidung 鼻　⑤ pipi 頬　⑥ kumis 口ひげ
⑦ lidah 舌　⑧ jenggot 顎ひげ　⑨ kerongkongan 喉　⑩ rambut 髪の毛　⑪ dahi 額
⑫ bulu mata まつげ　⑬ telinga 耳　⑭ mulut 口　⑮ gigi 歯　⑯ bibir 唇　⑰ dagu 顎
⑱ leher 首　⑲ kepala 頭　⑳ bahu 肩　㉑ dada 胸　㉒ lengan 腕　㉓ tangan 手　㉔ jari 指　㉕ kaki 足　㉖ pinggang 腰　㉗ pinggul お尻　㉘ otak 脳　㉙ jantung 心臓　㉚ ginjal 腎臓　㉛ paru-paru 肺　㉜ hati 肝臓　㉝ lambung 胃　㉞ usus 腸　㉟ usus buntu 盲腸

〈Nusantara 博士のコラム〉

　インドネシア人はMandi（水浴び）が好きです。朝起きて一回、夕方仕事から帰って一回と、一日に二回はMandiをするようです。一般家庭のお風呂場には、腰の丈よりやや高めの水槽があり、その中には常に水が溜められています。この水を手桶でくんで体にかけます。お湯の出るシャワーがついている家もありますが、一般的ではありません。

　最近は石鹸やシャンプーの種類も豊富で、国産品から輸入品までいろいろなものがあります。女性たちの美容に対する関心は高いようで、肌のきめを整える効果や美白効果、デオドラント効果をうたったものなど、スーパーの石鹸コーナーにはたくさんの商品がならんでいます。

　ところで、インドネシアの家庭ではお風呂場とトイレが一室になっています。トイレは水洗です。インドネシア人は用を足した後、ティッシュペーパーを使わずに、水で洗い流しています。右手に桶を持ち、左手で洗い流します。ですから、左手は物の受け渡しなどに使わないのです。慣れないと、ついうっかり左手で手渡ししそうになりますね。

スーパーの石鹸売り場

pelajaran 8
第8課

動詞　その2

文型　Pola Kalimat 　CD-50

1. Anak itu bermain.
2. Mereka berkumpul di Medan Merdeka.
3. Kartika bergembira.
4. Dia sudah beristri.
5. Kami berlima pergi ke konser itu.

例文　Contoh Kalimat 　CD-51

1. Apakah anak itu belajar?
   Tidak. Anak itu bermain.
2. Mereka berkumpul di mana?
   Mereka berkumpul di Medan Merdeka.
3. Apakah Kartika bersedih?
   Tidak. Kartika bergembira.
4. Apakah kakak laki-laki Yono sudah beristri?
   Ya. Dia sudah beristri.
5. Kemarin kalian pergi ke mana?
   Kami berlima pergi ke konser itu.

会話　Percakapan　CD-52

Hanako : Pak Zainuddin tinggal di mana?
Zainuddin : Saya tinggal di Bekasi.
　　　　　　Ibu Hanako tinggal di mana?
Hanako : Saya di Kebon Jeruk.
　　　　　Pak Zainuddin berasal dari mana?
Zainuddin : Saya berasal dari Sulawesi Selatan.
　　　　　　Saya orang Bugis.
　　　　　　Apakah Ibu Hanako berasal dari Tokyo?
Hanako : Tidak.
　　　　　Saya dari Nagasaki.
　　　　　Apakah Ibu Zainuddin bekerja?
Zainuddin : Ya.
　　　　　　Dia bekerja di PLN.
Hanako : PLN?
Zainuddin : Perusahaan Listrik Negara.
　　　　　　Ibu Hanako bekerja di mana?
Hanako : Saya tidak bekerja sekarang.

第8課

訳　Terjemahan

文型
1．あの子どもは遊んでいます。
2．彼らは独立広場に集まります。
3．カルティカは喜んでいます。
4．彼には、もう奥さんがいます。
5．私たち5人は、そのコンサートへ行きました。

例文
1．あの子どもは勉強していますか？
　いいえ。あの子どもは遊んでいます。
2．彼らはどこに集まりますか？
　彼らは独立広場に集まります。
3．カルティカは悲しんでいますか？
　いいえ、カルティカは喜んでいます。
4．ヨノのお兄さんには、もう奥さんがいらっしゃいますか？
　はい。彼には、もう奥さんがいます。
5．昨日、君たちはどこへ行きましたか？
　私たち5人は、そのコンサートへ行きました。

会話

華子：　　　ザイヌディンさんはどちらにお住まいですか？
ザイヌディン：私はブカシに住んでいます。
　　　　　　華子さんはどちらにお住まいですか？
華子：　　　私はクボン　ジュルックです。
　　　　　　ザイヌディンさんはどちらのご出身ですか？
ザイヌディン：私は南スラウェシの出身です。私はブギス人です。
　　　　　　華子さんは東京の出身ですか？
華子：　　　いいえ。私は長崎の出身です。
　　　　　　ザイヌディン夫人は働いていらっしゃいますか？
ザイヌディン：はい。彼女はPLNで働いています。
華子：　　　PLN？
ザイヌディン：国営電力会社です。
　　　　　　華子さんはどこで働いていますか？
華子：　　　私は今、働いていません。

新しい単語　Kosakata Baru

文型・例文

			（場所名）
belajar (ajar)	勉強する	berada (ada)	滞在する
bergembira (gembira)	喜ぶ	berambut (rambut)	髪の毛がある
beristri (istri)	妻がある	berangkat (angkat)	出発する
berkumpul (kumpul)	集まる	berbahasa (bahasa)	～語を話す
berlima (lima)	5人で、5人は	berbicara (bicara)	話す、しゃべる
bermain (main)	遊ぶ	berbunyi (bunyi)	鳴る、音がする
bersedih (sedih)	悲しむ	berenang (renang)	泳ぐ
konser	コンサート	berkacamata (kacamata)	眼鏡をかけている
Medan Merdeka	独立広場	berkunjung (kunjung)	訪問する
merdeka	独立	bersatu (satu)	統合する、1つになる

会話

		bersawah (sawah)	田を耕す
Bekasi	ブカシ（地名）	bersuami (suami)	夫がある
bekerja (kerja)	働く	bertanya (tanya)	質問する
berasal (asal)	～の出身である	bertemu (temu)	会う
Bugis	ブギス（民族名）	beternak (ternak)	家畜を飼う
Kebon Jeruk	クボン・ジュルック（地名）	Jerman	ドイツ
listrik	電気	kabar	ニュース
PLN (Perusahaan Listrik Negara)	国営電力会社	kepada	～に（人に対して）
Sulawesi Selatan	南スラウェシ（地方名）	kolam renang	プール
		lonceng	チャイム

文法

		pada	～に（時間、日付）
Anggrek Mal	アングレックモール		

第8課

113

練習

atlet	競技者	berlayar (layar)	航海する、帆を使う
ayam betina	雌鶏	bermalam (malam)	泊まる、夜を越す
beranak (anak)	子どもを持つ、（動物が）子どもをうむ	berolahraga (olahraga)	運動する
berbaju (baju)	服を着ている	bersepeda (sepeda)	自転車に乗る
berbelanja (belanja)	買い物をする	berseragam (seragam)	制服を着ている
berbentuk (bentuk)	形をしている	bertamu (tamu)	訪問する
berbohong (bohong)	嘘をつく	bertelur (telur)	卵をうむ
berbuah (buah)	実がなる	bertepuk tangan (tepuk tangan)	手をたたく、拍手する
berdiri (diri)	立つ	bertiga (tiga)	3人で、3人は
berdua (dua)	2人で、2人は	bertopi (topi)	帽子をかぶっている
berfungsi (fungsi)	動く、機能する	berubah (ubah)	変化する
berhenti (henti)	止まる	bola	ボール
beristirahat (istirahat)	休憩する	dalam	（〜語）を
berjalan kaki (jalan kaki)	歩いて行く	daun	葉
berkata (kata)	言う	dengan lancar	流暢に
berkeluarga (keluarga)	家族、所帯を持つ	empat persegi	四角形、正方形
berkereta listrik (kereta listrik)	電車に乗る	Eropa	ヨーロッパ
berkumis (kumis)	口ひげをはやしている	hilang	なくなる、消える
berlari (lari)	走る、逃げる	hitam	黒い
berlatih (latih)	練習する	jambu	グアバ
		kapal	ふね
		kerbau	水牛

kucing	猫	pesta	パーティー
kuda	馬	pun	〜さえも
lapangan	広場	rusak	こわれた
lapangan olahraga	競技場、運動場	sepak bola	サッカー
Madura	マドゥラ（地名）	sepatah kata	一言
mesin	機械	setiap	毎〜
negeri	国	taman	庭、公園
olahraga	スポーツ	tengah	真ん中
para	（人を表す名詞の前につけて複数化する）		

第8課

文法　Tata Bahasa

《この課でマスターできること》

●接頭辞 ber- のつけ方

接頭辞 ber- は、ほとんどの単語の場合、そのまま ber- をつけられますが、単語によっては下の表のように接頭辞 ber- につづりの変化規則があります。

■ ber- のつづり変化表

	条件	例
be-	①語根の先頭の文字が r ではじまる ②語根の第一音節に -er のつづりがある	berenang, berambut bekerja, beternak
bel-	ajar 限定	belajar
ber-	上の２つ以外のすべての語根	berbicara, berbahasa

● **ber- + 動詞：a**）接頭辞の有る無しで、動詞の意味は変わらない。
● **ber- + 動詞：b**）接頭辞の有る無しで、動詞の意味が変わる。
● **ber- + 形容詞**：「形容詞の状態にある」という意味に変わる。
● **ber- + 名詞**：「〜を持っている」、「〜を使う」、「〜を身につける」、「〜をうむ」、「〜を作り出す」、「生計をたてる」という意味に変わる。
● **ber- + 数詞**：「1」につけると「統合する」、「一つにまとまる」、「一つになる」、それ以外の数詞では「(数) で／は」、「(人数) で／は」という意味に変化する。
● **mana**「どこ」を使って場所をたずねる疑問文を作る。
　di mana：どこに、どこで
　ke mana：どこへ
　dari mana：どこから

● 接頭辞 ber- と自動詞 ●

文型1から5で使われている動詞は、ber- 動詞と呼ばれるものです。ber- は接頭辞といわれ、動詞、形容詞、名詞、数詞につけて使われます。ber- 動詞は、一般に自動詞に分類される動詞です。

*ポイント
接頭辞 ber- がついている単語を辞書でひく場合は、接頭辞を取り外した語根で引かなければなりません。つまり、bermain を辞書で探す時は、main で引かなければならないという意味です。

● ber- のつづりの変化 ●

接頭辞 ber- は、ほとんどの単語では単純に語根に ber- をつけることができます。しかし、中には例文1の質問の文章で使われている belajar のように、語根の条件によって接頭辞 ber- が be-、bel- に変化するものがあります。下に ber- の変化の規則を説明します。

①語根の先頭の文字が r で始まる場合、接頭辞 ber- は be- と変化し、r を二つ重ねてつづりませんので注意が必要です。

   ber- + renang ：泳ぐ
    ↓ ber- が be- に変化する
  Mereka berenang di kolam renang. 彼らはプールで泳ぎます。

②語根の第一音節に -er のつづりがある場合、接頭辞 ber- は be- と変化します。例えば、kerja は第一音節が ker- で、-er のつづりがあります。

   ber- + kerja ：働く、仕事をする
    ↓ ber- が be- に変化する
  Suaminya bekerja di kantor pos. 彼女の御主人は郵便局で働いています。

③belajar は「勉強する」という意味ですが、接頭辞 ber- が bel- に変化しています。これは、この単語の語根である ajar に限って起る変化です。この belajar は接頭辞の有る無しにより、単語の意味が違います。ajar は「〜を教える」で、belajar は「勉強する」という意味になります。

● **ber- + 動詞** ●

①文型1の bermain は「遊ぶ」という意味で、語根は main 、文型2の berkumpul は「集まる」という意味で、語根は kumpul です。これらの動詞のように、動詞のほとんどは接頭辞 ber- の有る無しによって単語の意味が変わりません。

  bicara → berbicara：話す
  kunjung → berkunjung：訪問する

＊ポイント
 意味が変わらない場合には、日常会話では ber- が省略されることがあります。

②接頭辞 ber- の有る無しによって単語の意味が変わるものもあります。

  angkat：持ち上げる → berangkat：出発する
  ada：ある、いる → berada：滞在する

● **ber- + 形容詞** ●

文型3の bergembira は「喜ぶ」という意味です。語根は gembira「嬉しい」という形容詞です。形容詞に接頭辞 ber- をつけると、「その形容詞の状態にある」という意味になります。

  Ini kabar gembira. これは嬉しいニュースです。
    ↓
  Kartika bergembira. カルティカは喜んでいます。

● **ber- + 名詞** ●

文型4の beristri は「妻がある／妻がいる」という意味です。語根は istri「妻」という意味の名詞です。名詞に接頭辞 ber- をつけると、派生語の意味はおおむね次のようになります。

①「～を持っている」

    suami ：夫
     ↓
  ber- + suami ：夫がいる
     ↓
  Dia bersuami. 彼女には夫がいます。

②「〜を身につける」

    kacamata   ：眼鏡
     ↓
  ber- + kacamata   ：眼鏡をかけている
     ↓

  Orang itu berkacamata. あの人は眼鏡をかけています。

③「〜をうむ」「〜をつくり出す」

    bunyi   ：音
     ↓
  ber- + bunyi   ：鳴る、音がする
     ↓

  Lonceng sekolah sudah berbunyi. 学校のチャイムが鳴りました。

④「生計をたてる」

    sawah   ：田
     ↓
  ber- + sawah ：田を耕す
     ↓

  Mereka bersawah di desa ini. 彼らはこの村で田を耕しています。

● ber- + 数詞 ●

1．文型5の berlima は「5人で／5人は」という意味です。語根は lima「5」という意味の数詞です。数詞に接頭辞 ber- をつけると、「（数）で／（人数）は」という意味になります。数詞と接頭辞 ber- の組み合わせでは、派生語の前にある名詞の数（人数）を説明します。

    lima ：5
     ↓
  ber- + lima ：5人で
     ↓

  Kami berlima pergi ke konser itu.
  私たち5人は、そのコンサートへ行きました。

2．数詞の「1」に接頭辞 ber- をつけると、「統合する」、「一つにまとまる」、「一つになる」という意味になります。

```
satu            ：1
  ↓
ber- + satu     ：統合する
  ↓
```
Jerman Barat bersatu dengan Jerman Timur.
西ドイツと東ドイツは統合しました。

● **場所をたずねる疑問文** ●

場所を表わす前置詞である di「〜で、〜に」、ke「〜へ」、dari「〜から」と mana「どこ」を組み合わせて、場所をたずねる疑問文を作ることができます。答える時は、mana の部分に場所名を入れればよいのです。

　　Besok kita bertemu di mana?　明日、私たちはどこで会いましょうか？
　　Di Anggrek Mal.　アングレックモールで。

また、「〜さんに」のように、人に対しては ke ではなく kepada を使い、時間などには di ではなく pada を使います。

　　Saya belum bertanya kepada Ibu Wati.
　　私はまだワティさんに質問していません。
　　Dia berangkat ke Tokyo pada hari Senin.
　　彼は月曜日に、東京へ出発します。

練習 I　Latihan I

1．次の単語に接頭辞 ber- をつけましょう。
   1) temu
   2) istirahat
   3) tiga
   4) ternak
   5) rambut

2．（　）の単語に接頭辞 ber- をつけましょう。また、文を読んで訳しましょう。
   1) Kami (bicara) dalam bahasa Indonesia.
   2) Kami (bahasa) Indonesia dengan lancar.
   3) Mereka (jalan kaki) ke mesjid.
   4) Sepeda motor itu (henti) di tengah jalan.
   5) Anak-anak SD negeri (topi) merah.
   6) Saya tidak (bohong).
   7) Kucing Donna hilang. Dia (sedih).
   8) Mereka (dua) datang dari Indonesia.
   9) Ibu saya (kereta listrik) ke kantor.
   10) Hanako (diri).

3．次の文を読んで訳しましょう。また、（　）の単語の語根を答えましょう。
   1) Kuda itu (berlari) cepat sekali.　　　　　　（語根　　　）
   2) Warna daun pohon sudah (berubah).　　　　（語根　　　）
   3) Dia (bekerja) setiap hari.　　　　　　　　　（語根　　　）
   4) Murid-murid (berseragam) setiap hari.　　　（語根　　　）
   5) Tempat ini (berbentuk) empat persegi.　　　（語根　　　）
   6) Kapan Hanako (berangkat) ke Eropa?　　　（語根　　　）
   7) Para atlet (berlatih) di lapangan olahraga.　（語根　　　）
   8) Saya (bertemu) dengan Yohana di bank kemarin.　（語根　　　）
   9) Dia tidak (berkata) sepatah kata pun.　　　（語根　　　）
   10) Anaknya belum (berkeluarga).　　　　　　（語根　　　）

練習 II　Latihan II

1．次の会話をインドネシア語に訳しましょう。

　1）あなた（Anda）はどちらの出身ですか？
　　　私はマドゥラ（Madura）の出身です。

　2）華子はどこで買い物をしましたか？
　　　私はそごうで買い物をしました。

　3）ハムザ（Hamzah）は先生に質問しましたか？
　　　いいえ。彼は先生に質問しませんでした。

　4）ウトモさん（Pak Utomo）は口ひげをはやしていますか？
　　　はい。ウトモさんは口ひげをはやしています。

　5）雌鶏（ayam betina）は毎日卵をうみますか？
　　　はい。雌鶏は毎日卵をうみます。

　6）ミナ（Minah）はどこで遊んでいますか？
　　　彼女は公園で遊んでいます。

　7）あの人は長い髪をしていますか？
　　　いいえ。あの人は短い髪をしています。

　8）あなたは（Ibu）駅へ歩いて行きますか？
　　　いいえ。私は自転車に乗って駅へ行きます。

　9）君たちはどこへ行くのですか？
　　　私たち3人は、サントソさん（Bapak Santoso）のお宅を訪問します。

　10）ヨノ（Yono）は川で泳いだことがありますか？
　　　はい。私は川で泳いだことがあります。

練習Ⅲ　Latihan Ⅲ

1．CD を聞いて書きましょう。また、意味を訳しましょう。　　CD-53

1)

2)

3)

4)

5)

6)

7)

8)

9)

10)

2．CDを聞いて、内容と一致している絵を選びましょう。　CD-54

① ②  ③  ④  ⑤  ⑥

1)＿＿　2)＿＿　3)＿＿　4)＿＿　5)＿＿　6)＿＿

目で覚える単語　Menghafal dengan Gambar

Buah-Buahan　果物

① pepaya パパイヤ　② markisa パッションフルーツ　③ kelapa 椰子　④ mangga マンゴー　⑤ sukun パンの実　⑥ nangka ジャックフルーツ　⑦ manggis マンゴスチン　⑧ jeruk Bali ザボン　⑨ jambu batu グアバ　⑩ delima ザクロ　⑪ belimbing スターフルーツ　⑫ alpokat アボカド　⑬ semangka すいか　⑭ nanas パイナップル　⑮ pisang バナナ　⑯ durian ドリアン　⑰ kesemek 柿　⑱ jeruk みかん　⑲ apel りんご　⑳ anggur ぶどう

Sayur-Sayuran 野菜

① lobak putih 大根 ② daun bawang 長ねぎ ③ kol キャベツ ④ bayam ほうれんそう ⑤ kentang じゃがいも ⑥ bawang bombai たまねぎ ⑦ jagung とうもろこし ⑧ tomat トマト ⑨ terung 茄子 ⑩ timun きゅうり ⑪ bawang putih にんにく ⑫ cabai 唐辛子 ⑬ ubi jalar さつまいも ⑭ labu カボチャ ⑮ kacang polong サヤエンドウ ⑯ kacang merah 金時豆 ⑰ wortel にんじん ⑱ buncis いんげん ⑲ brokoli ブロッコリー ⑳ kembang kol カリフラワー ㉑ jamur きのこ ㉒ seledri セロリ ㉓ taoge もやし

〈Nusantara 博士のコラム〉

　今や2億人弱のイスラム教徒を抱える国としても有名なインドネシアですが、4世紀頃には、東カリマンタンにクタイ王国が、5世紀には西ジャワにタルマナガラ王国が存在していたことが知られています。これらの王国は共にヒンドゥー王国であり、インド人によってもたらされヒンドゥー教は、文化的側面にも強く影響を与えました。

　4世紀から15世紀をヒンドゥー時代といいますが、インドネシアで最大のヒンドゥー王国であるマジャパヒット王国がイスラム王国であるドゥマック王国の勢力に倒れた15世紀にその終わりを迎えました。その時、バリ島へ逃げたマジャパヒットの人々は、バリ島で彼らの伝統文化や宗教をまもり、今に伝えています。

　インドネシアには、ヒンドゥー王国やイスラム王国の他に、仏教王国が栄えた地域もあります。南スマトラのパレンバンには、7世紀から13世紀にかけてスリウィジャヤ王国という仏教王国が栄えていたことがわかっています。また、有名なジャワのボロブドゥール遺跡も仏教遺跡の1つです。

　16世紀に入ると、インドネシアで採れる香辛料を求めてヨーロッパ諸国が入ってきました。初めはスペインとポルトガルが、その後、オランダが入ってきました。16世紀の終わりから20世紀にかけての約350年間にわたるオランダの植民地支配と、第二次世界大戦の頃、3年半の日本軍による占領時代を経て、1945年8月17日、インドネシアは独立を宣言しました。

インドネシア　独立への第一歩　独立宣言文

pelajaran 9
第 9 課

動詞　その3

文型　Pola Kalimat　CD-55

1. Ibu memasak mie ayam.
2. Saya membuat kopi.
3. Kuswan menjual ikan di pasar.
4. Anak-anak menghafal perkalian.
5. Saya menyalin puisi dari buku itu.

例文　Contoh Kalimat　CD-56

1. Ibu memasak apa?
   Ibu memasak mie ayam.
2. Ani membuat apa?
   Saya membuat kopi.
3. Kuswan menjual ikan di mana?
   Kuswan menjual ikan di pasar.
4. Anak-anak menghafal apa?
   Anak-anak menghafal perkalian.
5. Kamu menyalin apa dari buku itu?
   Saya menyalin puisi dari buku itu.

会話 Percakapan CD-57

Yuriko: Saya akan jalan-jalan ke Bali.
Yudono: Kira-kira berapa hari?
Yuriko: Seminggu saja.
Yudono: Apa Yuriko sudah memesan tiket pesawat?
Yuriko: Sudah.
Saya sedang menunggu jawaban dari Garuda.
Sekarang saya masih dalam cadangan.
Yudono: Kapan akan berangkat?
Yuriko: Hari Senin besok.
Yudono: Yuriko menginap di mana?
Yuriko: Di hotel.
Saya sudah memesan kamar di Hotel Dewata.

訳　Terjenahan

文型
1．母はミーアヤム（チキンヌードゥル）を料理しています。
2．私はコーヒーをいれています。
3．クスワンは市場で魚を売っています。
4．子どもたちはかけ算を暗記しています。
5．私はその本から詩を書き写しています。

例文
1．お母さんは何を料理していますか？
　　お母さんはミーアヤムを料理しています。
2．アニは何を作っていますか？
　　私はコーヒーをいれています。
3．クスワンはどこで魚を売っていますか？
　　クスワンは市場で魚を売っています。
4．子どもたちは何を暗記していますか？
　　子どもたちはかけ算を暗記しています。
5．君はその本から何を書き写していますか？
　　私はその本から詩を書き写しています。

会話
百合子：　私はバリへ旅行するつもりです。
ユドノ：　だいたい何日間くらいですか？
百合子：　一週間だけです。
ユドノ：　もう航空券を予約しましたか？
百合子：　はい。
　　　　　ガルーダから回答を待っているところです。
　　　　　今まだウェイティングです。
ユドノ：　いつ出発するつもりですか？
百合子：　今度の月曜日です。
ユドノ：　百合子はどこに泊まりますか？
百合子：　ホテルです。
　　　　　私はホテルデワタに部屋の予約をしました。

新しい単語　Kosakata Baru

文型・例文

memasak (masak)	〜を料理する
membuat (buat)	〜を作る
menghafal (hafal)	〜を暗記する
menjual (jual)	〜を売る
menyalin (salin)	〜を書き写す、複写する
pasar	市場
perkalian	かけ算
puisi	詩

会話

cadangan	ウェイティング、予備
Garuda	ガルーダ（神話上の鳥）ガルーダ航空
jalan-jalan	散歩する
jawaban	回答、解答
memesan (pesan)	〜を注文する、予約する
menginap (inap)	〜に泊まる
menunggu (tunggu)	〜を待つ

文法

dapur	台所　キッチン
harapan	希望
membaca (baca)	〜を読む
membesar (besar)	大きくなる
memotong (potong)	〜を切る
mencicit (cicit)	チッチと鳴く
mencuci (cuci)	〜を洗う
mendarat (darat)	着陸する、上陸する
mengepak (pak)	〜を梱包する
mengirim (kirim)	〜を送る
menjamur (jamur)	溢れかえる
menjanda (janda)	未亡人として生きる
menulis (tulis)	〜を書く
menyambal (sambal)	サンバルを作る
menyapu (sapu)	ほうきで掃く
merawat (rawat)	看護する、世話をする
semakin	ますます〜
sudah lama	長い間
telepon genggam	携帯電話
tempat penjualan	販売所
tikus	ねずみ

練習

banyak	たくさんの
beasiswa	奨学金
beberapa	いくつかの、いくらかの

第9課

bendera	旗	memanggil (panggil)	〜を呼ぶ
bendera merah putih	インドネシア国旗	membangun (bangun)	〜を建てる
bioskop	映画館	membantu (bantu)	〜を手伝う
es krim	アイスクリーム	membawa (bawa)	〜を持つ、〜を運ぶ
film	映画	membayar (bayar)	〜を支払う
formulir	フォーム	membeli (beli)	〜を買う
hadiah ulang tahun	誕生日プレゼント	memberi (beri)	〜を与える
jajan	お菓子、おやつ	membujang (bujang)	独身でいる
kacang	豆	memegang (pegang)	〜を持つ、〜をつかむ
karcis	切符		
kebaya	クバヤ（婦人の上着）	memelihara (pelihara)	〜を飼う、〜の世話をする
Kebayoran Baru	クバヨラン・バル（地域名）	meminjam (pinjam)	〜を借りる
keju	チーズ	memotret (potret)	写真をとる
kopor	スーツケース	menanam (tanam)	〜を植える
kue	ケーキ、お菓子	mencair (cair)	〜がとける
ladang	畑	mencari (cari)	〜を探す
lagu kebangsaan Indonesia	インドネシア国歌	mendapat (dapat)	〜を得る
lemari buku	本棚	mendengar (dengar)	〜を聞く
lesu	だるい	menelepon (telepon)	電話をかける
malam Minggu	土曜日の夜	menerima (terima)	〜を受け取る
melihat (lihat)	〜を見る	mengajar (ajar)	〜を教える
memancing (pancing)	〜を釣る	mengambil (ambil)	〜を取る

mengapa (apa)	どうして、何	menyanyi (nyanyi)	～を歌う
mengarang (karang)	（花を）活ける、作文する	menyemut (semut)	～に群がる
		menyewa (sewa)	～を借りる
mengecap (kecap)	味わう	merasa (rasa)	～を感じる
mengepel (pel)	（床などを）拭く	merokok (rokok)	たばこを吸う
menggoreng (goreng)	～を油で揚げる	nasihat	忠告、アドバイス
mengisi (isi)	～に記入する、～を入れる	pemandangan	風景
mengopi (kopi)	コーヒーを飲む	perpustakaan	図書館
menikah (nikah)	結婚する	ruang tamu	応接室
menjahit (jahit)	～を縫う	sekali	一回
menjemput (jemput)	～を出迎える	taman kanak-kanak (TK)	幼稚園
menonton (tonton)	（テレビ、映画などを）観る	uang	お金
		uang jajan	おこづかい
menunjuk (tunjuk)	～を指さす	vas	花瓶

文法　Tata Bahasa

《この課でマスターできること》

●接頭辞 me- のつけ方

接頭辞 me- は、つける単語の先頭の文字によって、その種類が 6 通りあります。また、一音節からなる単語には menge- をつけます。

■ me- のつづり変化規則表

つづり	先頭の文字	例
me-	l, m, n, r, w, y, ng, ny	memasak, merawat
mem-	b, f,（p）, v	membaca, memotong
men-	c, d, j,（t）, z, sy	mencuci, menulis
meng-	a, i, u, e, o, g, h,（k）, kh	menghafal, mengirim
meny-	（s）	menyapu
menge-	一音節の語根	mengepak

● **me- + 動詞**：接頭辞の有る無しで、動詞の意味はかわらない。
● **me- + 形容詞**：「その形容詞の状態になる」という意味に変化する。
● **me- + 名詞**：その名詞を「作る」、その名詞として「生きる／生活する」、その名詞へ「向かう」、その名詞のように「なる／する」、また鳴き声に me- をつけると、「〜と鳴く」という意味に変化する。

● **接頭辞 me- の働き** ●

1．文型 1 から 5 で使われている動詞は、me- 動詞と呼ばれるものです。me- は接頭辞といわれ、動詞、形容詞、名詞につけて使います。me- 動詞は、目的語を必要とする他動詞に分類されるものがほとんどです。

　＊ポイント
　　接頭辞 me- がついた単語を辞書でひく場合は、ber- 動詞と同様に、接頭辞を取り外した語根で引かなければなりません。上の表中の「先頭の文字」で（　）がついているものは、接頭辞をつけることにより、その文字が脱落します。

● 接頭辞 me- のつづりの変化 ●

１．文型１のように接頭辞 me-をつけるのは、先頭の文字が l、m、n、r、w、y、ng、ny で始まる単語です。

　　　語根の先頭の文字 m ： masak
　　　　　　　　　　　　　↓
　　　Ibu memasak mie ayam. 　母はミーアヤムを料理しています。

２．文型２のように接頭辞 mem- をつけるのは、先頭の文字が b、f、p、v で始まる単語です。なお、p で始まる単語は、接頭辞 mem- をつけることにより p が脱落します。

　　　語根の先頭の文字 b ： buat
　　　　　　　　　　　　　↓
　　　Saya membuat kopi. 　私はコーヒーをいれます。

３．文型３のように接頭辞 men- をつけるのは、先頭の文字が c、d、j、t、z、sy で始まる単語です。なお、t で始まる単語は、接頭辞 men- をつけることにより t が脱落します。

　　　語根の先頭の文字 j ： jual
　　　　　　　　　　　　　↓
　　　Kuswan menjual ikan di pasar. 　クスワンは市場で魚を売っています。

４．文型４のように接頭辞 meng- をつけるのは、先頭の文字が a、i、u、e、o、g、h、k、kh で始まる単語です。なお、k で始まる単語は、接頭辞 meng- をつけることにより k が脱落します。

　　　語根の先頭の文字 h ： hafal
　　　　　　　　　　　　　↓
　　　Anak-anak menghafal perkalian. 　子どもたちはかけ算を暗記しています。

５．文型５のように接頭辞 meny- をつけるのは、先頭の文字が s で始まる単語です。なお、s で始まる単語は、接頭辞 meny- をつけることにより s が脱落します。

　　　語根の先頭の文字 s ： salin
　　　　　　　　　　　　　↓
　　　Saya menyalin puisi dari buku itu. 　私はその本から詩を書き写しています。

６．一音節でできている単語に接頭辞 me- をつける場合のみ、me- が menge- に変化します。

$$
\begin{array}{c}
\text{pak} \quad パック \\
\downarrow \\
\text{menge- +pak} \quad 〜を梱包する \\
\downarrow \\
\text{Saya mengepak barang-barang.} \quad 私は荷物を梱包します。
\end{array}
$$

● **me- + 動詞** ●

語根が動詞の場合は、接頭辞 me- の有る無しによって語根と派生語の間には意味の変化が起りません。このような場合、日常会話などの口語では語根のまま使われることが多いようですが、接頭辞 me- をつければ口語、文語ともによりフォーマルな言葉遣いになります。

$$
\begin{array}{c}
\text{Saya baca surat dari Ibu Minah.} \\
\downarrow \\
\text{Saya membaca surat dari Ibu Minah.}
\end{array}
$$
私はミナさんからの手紙を読みます。

● **me- + 形容詞** ●

形容詞に接頭辞 me- をつけると、派生語の意味は「その形容詞の状態になる」という意味の動詞になります。

$$
\begin{array}{c}
\text{besar} \quad 大きい \\
\downarrow \\
\text{mem-+besar} \quad 大きくなる \\
\downarrow
\end{array}
$$

Harapan kita semakin membesar.
私たちの希望はますます大きくなりました。

● **me- + 名詞** ●

語根が名詞の場合、接頭辞 me- をつけると派生語の意味はおおむね次のようになります。

① 「〜を作る」

$$
\begin{array}{c}
\text{sambal} \quad サンバル \\
\downarrow \\
\text{meny- + (s) ambal} \quad サンバルを作る \\
\downarrow \\
\text{Wati menyambal di dapur.} \quad ワティは台所でサンバルを作ります。
\end{array}
$$

② 「～として生きる／生活する」

$$\begin{array}{c} \text{janda} \quad 未亡人 \\ \downarrow \\ \text{men- + janda} \quad 未亡人として生きる \end{array}$$

Susanti sudah lama menjanda.
スサンティはもう長い間未亡人として暮らしています。

③ 「～へ向かう」

$$\begin{array}{c} \text{darat} \quad 陸 \\ \downarrow \\ \text{men- + darat} \quad 着陸する \end{array}$$

Pesawat dari Tokyo sudah mendarat dengan selamat.
東京からの飛行機は無事に着陸しました。

④ 「～のようになる／～のようにする」

$$\begin{array}{c} \text{jamur} \quad 黴 \\ \downarrow \\ \text{men- + jamur} \quad たくさん建てられる、\\ \downarrow \quad 溢れかえる \end{array}$$

Tempat penjualan telepon genggam sudah menjamur di kota-kota besar.
大都市では携帯電話の販売店がたくさんつくられています。

⑤ 「(～と) 鳴く」

$$\begin{array}{c} \text{cicit} \quad チッチ（ねずみや鳥の鳴き声）\\ \downarrow \\ \text{men- + cicit} \quad チッチと鳴く \\ \downarrow \end{array}$$

Tikus itu mencicit.　　そのねずみがチッチと鳴きました。

練習 I　Latihan I

1．次の単語に接頭辞 me- をつけましょう。
   1）pancing　　2）ambil　　3）beli
   4）cari　　　　5）sapu

2．（　）の単語に接頭辞 me- をつけましょう。また、文を読んで訳しましょう。
   1）Saya (jemput) anak perempuan di taman kanak-kanak.
   2）Beberapa hari yang lalu Indra (telepon) saya.
   3）Tuti (cuci) piring di dapur.
   4）Setiap bulan kami (bayar) uang sekolah.
   5）Hanako (terima) hadiah ulang tahun dari Yudono.
   6）Saya (rasa) lesu.
   7）Gunawan (rokok) di ruang tamu.
   8）Setiap pagi ibu (beri) uang jajan kepada saya.
   9）Kami (sewa) rumah di Bogor.
   10）Mereka (dengar) nasihat guru.

3．次の文を読んで訳しましょう。また、（　）の単語の語根を答えましょう。
   1）Yuli (memegang) bendera merah putih.　　　　（語根　　　　）
   2）Malam Minggu yang akan datang kita (menonton) film di bioskop.
   　　　　　　　　　　　　　　　　　　　　　　　　（語根　　　　）
   3）Tina (membantu) kami.　　　　　　　　　　（語根　　　　）
   4）Dia (melihat) album lama.　　　　　　　　　（語根　　　　）
   5）Kakak laki-laki saya (mengajar) bahasa Indonesia.（語根　　　　）
   6）Dia (menulis) surat kepada orang tuanya sebulan sekali.
   　　　　　　　　　　　　　　　　　　　　　　　　（語根　　　　）
   7）Saya (meminjam) buku di perpustakaan.　　　（語根　　　　）
   8）Dua bulan yang lalu Kayoko dan Widodo sudah (menikah).
   　　　　　　　　　　　　　　　　　　　　　　　　（語根　　　　）
   9）Kakak ipar saya (membangun) rumah di Kebayoran Baru.
   　　　　　　　　　　　　　　　　　　　　　　　　（語根　　　　）
   10）Kakek saya (menanam) kacang di ladang.　　（語根　　　　）

練習Ⅱ　Latihan Ⅱ

1．次の会話をインドネシア語に訳しましょう。
　1）彼女たちは何の歌を歌っていますか？
　　　彼女たちはインドネシアの国歌を歌っています。

　2）お母さんは何を（油で）揚げていますか？
　　　お母さんはバナナを揚げています。

　3）あなた（Anda）はもうそのフォームに記入しましたか？
　　　はい。私はもうこのフォームに記入しました。

　4）あなた（Saudari）は何を読んでいますか？
　　　私は新聞を読んでいます。

　5）レナ（Lena）は何を料理していますか？
　　　彼女は魚を料理しています。

　6）彼は何を指さしていますか？
　　　彼は山を指さしています。

　7）私たちは何で味わいますか？
　　　私たちは舌で味わいます。

　8）ハルディ（Hardi）は何を持ってきましたか？
　　　彼は大きなスーツケースを持ってきました。

　9）あなたは（Saudara）家で何を飼っていますか？
　　　私は家で犬を飼っています。

　10）デウィ（Dewi）は何を切っていますか？
　　　彼女はケーキを切っています。

第9課

練習Ⅲ　Latihan Ⅲ

1．CD を聞いて書きましょう。また、意味を訳しましょう。　　CD-58

1）

2）

3）

4）

5）

6）

7）

8）

9）

10）

2．CDを聞いて、内容と一致している絵を選びましょう。　CD-59

① ② ③ ④ ⑤ ⑥

1）____　2）____　3）____　4）____　5）____　6）____

第9課

目で覚える単語　Menghafal dengan Gambar

Musim dan Cuaca　季節と天気

① musim hujan 雨季　② musim kemarau 乾季　③ musim semi 春　④ musim panas 夏　⑤ musim gugur 秋　⑥ musim dingin 冬　⑦ mendung 曇り　⑧ hujan 雨　⑨ gerimis 小雨　⑩ badai 嵐　⑪ banjir 洪水　⑫ petir 雷　⑬ kilat 稲妻　⑭ kabut 霧　⑮ angin 風　⑯ pelangi 虹

〈**Nusantara 博士のコラム**〉

　インドネシア人は土曜日の夜のことを Malam Minggu と言います。Malam Minggu は、一週間の仕事や勉強から解放されて、家族や友だち、恋人どうしで食事をしたり、ショッピングを楽しんだりするための特別な日です。全般的にレストランやショッピングモールは閉店時間が日本よりも遅く、食事をした後、ゆっくりショッピングを楽しむことができます。

　インドネシアの外食産業は、なかなかバラエティーに富んでいます。道路際にテントをはって机と椅子を並べただけの屋台から、エアコン無しで扇風機だけの食堂、ファーストフード店、ショッピングモール内にあるフードコート（レストラン街）、エアコンはもちろんのこと、個室まで完備している高級レストランまで、いろいろな飲食店があります。

　屋台は Warung と言います。屋台のテントには、その屋台でに何が食べられるのか、メニューが書かれてあります。しかし、簡単な調理場で作りますから、屋台で食べれるものはシンプルなメニューばかりです。よく見かけるのは SOTO（スープ）、Sea Food という文字です。

庶民の胃袋を満たす屋台

pelajaran 10
第 10 課

助動詞

文型   Pola Kalimat   CD-60

1. Mereka dapat berbahasa Indonesia.
2. Saya ingin menonton film.
3. Saya harus belajar bahasa Indonesia.
4. Kita perlu berbicara dengan Bapak Amin.
5. Kalian boleh mengambil cuti.

例文   Contoh Kalimat   CD-61

1. Apakah mereka dapat berbahasa Indonesia?
   Ya. Mereka dapat berbahasa Indonesia.
2. Apakah Usman ingin menonton film?
   Ya. Saya ingin menonton film.
3. Apakah Anda harus belajar bahasa Indonesia?
   Ya. Saya harus belajar bahasa Indonesia.
4. Kita perlu berbicara dengan siapa?
   Kita perlu berbicara dengan Bapak Amin.
5. Bolehkah kami mengambil cuti?
   Boleh. Kalian boleh mengambil cuti.

会話 Percakapan CD-62

Hanako: Bisa bicara dengan Bapak Zainuddin?
Sekretaris: Dari mana, Bu?
Hanako: Saya Hanako, kenalan Bapak Zainuddin.
Sekretaris: Tunggu sebentar, Bu.
Zainuddin: Halo.
Hanako: Saya Hanako.
　　　　　Apa kabar?
Zainuddin: Baik-baik saja.
Hanako: Nanti malam ada acara makan bersama di Restoran Madonna.
　　　　　Apakah Bapak Zainuddin bisa hadir pada acara itu?
Zainuddin: Bisa, bisa!
　　　　　Acaranya mulai jam berapa?
Hanako: Jam 7 malam.
Zainuddin: Boleh saya mengajak istri saya?
Hanako: Boleh saja.
　　　　　Kita bertemu di restoran, ya.
Zainuddin: Baik.
　　　　　Terima kasih atas undangannya.

訳　Terjemahan

文型
1．彼らはインドネシア語を話せます。
2．私は映画を観たいです。
3．私はインドネシア語を勉強しなければなりません。
4．私たちはアミンさんと話す必要があります。
5．あなたたちは休暇をとってもいいです。

例文
1．彼らはインドネシア語を話せますか？
　　彼らはインドネシア語を話せます。
2．ウスマンは映画を観たいですか？
　　はい。私は映画を観たいです。
3．あなたはインドネシア語を勉強しなければならないのですか？
　　はい。私はインドネシア語を勉強しなければなりません。
4．私たちは誰と話す必要がありますか？
　　私たちはアミンさんと話す必要があります。
5．私たちは休暇をとってもいいですか？
　　いいです。あなたたちは休暇をとってもいいです。

会話
　　　　華子：　ザイヌディンさんとお話できますか？
　　　　秘書：　どちらさまですか？
　　　　華子：　私はザイヌディンさんの知人の華子です。
　　　　秘書：　少々お待ち下さい。
ザイヌディン：　もしもし。
　　　　華子：　華子です。お元気ですか？
ザイヌディン：　元気です。
　　　　華子：　今夜レストラン　マドンナで会食会があります。
　　　　　　　　ザイヌディンさんはその会に出席できますか？
ザイヌディン：　できます、できます。会食会は何時からですか？
　　　　華子：　夜7時です。
ザイヌディン：　妻を誘ってもいいですか？
　　　　華子：　かまいませんよ。レストランでお会いしましょう。
ザイヌディン：　はい。お招きありがとう。

新しい単語　Kosakata Baru

文型・例文

boleh	〜してもよい
bolehkah	〜してもいいですか？
cuti	休暇
dapat	〜することができる
harus	〜しなければならない
ingin	〜したい
perlu	〜する必要がある

会話

Apa kabar?	お元気ですか？
atas	〜に関して、上
Baik-baik saja.	元気です。
bersama (-sama)	一緒に
bisa	〜できる
Halo.	もしもし
hadir	出席する
kenalan	知人
mengajak (ajak)	〜を誘う
mulai	始める、始まる
nanti	後で
nanti malam	今夜
restoran	レストラン
sebentar	しばらく
sekretaris	秘書
Terima kasih.	ありがとう。
undangan	招待

文法

mau	〜したい

練習

asuransi jiwa	生命保険
batik	バティック（ロウ染め更紗）
bergaul	交際する
berjalan-jalan (jalan-jalan)	旅行する、散歩する
celana pendek	半ズボン
Coca-Cola	コカコーラ
daerah	地域、地方
kue tar	デコレーションケーキ
laporan	報告書
mampir	立ち寄る
masalah	問題
memakai (pakai)	着る、使う
menggosok (gosok)	〜を磨く
menyetir (setir)	運転する
payung	かさ
piano	ピアノ

第10課

Prancis	フランス	tentang	〜について
rekan	同僚	upacara	儀式、式典
sop buntut	オックステールスープ		

〈Nusantara 博士のコラム〉

　インドネシアの道路は、日本と同じで車は左側、歩行者は右側です。大きな通りは Jalan Raya と言われ、片側に複数車線があります。車線の多い通りでは、対向車線との境界が植え込みをした中央分離帯で仕切られているため、好き勝手な場所で道の向こう側へ移動できないようになっています。

　目の前に自分が行きたいビルがあっても、ずっと先のユーターンできるポイントまで行かなければならないので、車での移動には思ったより時間がかかることがあります。

　ジャカルタでは、スリーインワンといって、乗車人数による通行制限をしている通りがあります。この制限は、通勤、退勤時間のラッシュを緩和することをねらったものです。

ジャカルタのバス専用レーンを走るバス

しかし、自家用車、バス、バイクなどの交通手段を利用する人が多いことに変わりはなく、規制対象となった通りに入れない車は、周辺の枝道に流れ込むため、結果的には場所をかえて大渋滞が発生します。ちなみに渋滞のことを Macet と言います。

　最近では、中央分離帯寄りの車線をバス専用レーンとし、道路にはそのバスに乗るための歩道橋がかけられるなど、ジャカルタの目抜き通りは、昔とはちょっと少し違った風景になってきました。

文法　Tata Bahasa

> **《この課でマスターできること》**
>
> ●時制以外の助動詞の使い方
>
> 時制以外の助動詞には、可能、希望、義務、必要、許可を表わすものがあります。助動詞は動詞の前に置きます。また、否定文は助動詞の前に否定詞 tidak を置きます。
>
> 　　肯定：dapat「〜することができる」
>
> 　　　　　Dia dapat bersepeda.　彼女は自転車に乗れます。
>
> 　　否定：tidak dapat「〜することができない」
>
> 　　　　　Dia tidak dapat bersepeda.　彼女は自転車に乗れません。
>
> ●「誰と」の表現方法
>
> 前置詞 dengan「〜と／〜で」と疑問詞 siapa「誰」で、「誰と」という表現ができます。
>
> 　Mereka pergi dengan siapa?　彼らは誰と行きましたか？
>
> 答える場合は、siapa の部分に人の名前を入れればよいのです。
>
> 　Mereka pergi dengan Bapak Ahmad.
>
> 　彼らはアフマッドさんと行きました。

● 可能の表現 ●

文型1のように、「〜することができる」という可能の表現には dapat を使います。

　　　　Mereka dapat berbahasa Indonesia.　彼らはインドネシア語を話せます。

＊ポイント
　　口語では dapat のかわりに、bisa がよく使われます。

● 希望の表現 ●

文型2のように、「〜したい」という希望の表現には ingin を使います。

　　　　Saya ingin menonton film.　私は映画を観たいです。

＊ポイント
　　口語では、ingin と類似の意味で mau を使うこともあります。

● **義務の表現** ●

文型3のように、「〜しなければならない」という義務の表現には harus を使います。

> Saya harus belajar bahasa Indonesia.
> 私はインドネシア語を勉強しなければなりません。

● **必要の表現** ●

文型4のように、「〜する必要がある」という必要の表現には perlu を使います。

> Kita perlu berbicara dengan Bapak Amin.
> 私たちはアミンさんと話す必要があります。

● **許可の表現** ●

文型5のように、「〜してもいい」という許可の表現には boleh を使います。

> Kalian boleh mengambil cuti.　あなたたちは休暇をとってもいいです。

● **誰と（一緒に）〜する、の表現** ●

例文4の疑問文とその答えの文にみられるように、前置詞 dengan「〜と／〜で」と疑問詞 siapa「誰」で、「誰と」という表現ができます。

> Kita perlu berbicara dengan siapa?
> 私たちは誰と話す必要がありますか？

答える場合は、siapa の部分に人の名前を入れます。

> Kita perlu berbicara dengan Bapak Amin.
> 私たちはアミンさんと話す必要があります。

＊ポイント
siapa の部分に疑問詞 apa「何」を入れ、dengan apa とすれば、「なにで」という意味になり、手段や方法を問うことができます。
Kita pergi dengan apa?　私たちは何で出かけますか？
Kita pergi dengan mobil.　私たちは車で出かけます。

練習 I　Latihan I

1．次の単語をインドネシア語に訳してみましょう。
   1) 座ってもいい
   2) 家を買うことができる
   3) 書かなければならない
   4) 本を探す必要がある
   5) 食べたい

2．次の文を読んで訳しましょう。
   1) Saya bisa berenang.
   2) Anda boleh menunggu di kamar.
   3) Yani perlu menelepon ibunya sekarang.
   4) Kita harus menggosok gigi setiap hari.
   5) Orang tua saya ingin berjalan-jalan ke Taiwan.
   6) Hanako bisa bermain piano.
   7) Mereka perlu membeli majalah itu.
   8) Saya ingin bertemu dengan Bapak Kasim.
   9) Dia mau makan masakan Prancis.
   10) Yusuf boleh pulang ke rumah.

3．次の文を否定文にしましょう。
   1) Kita boleh mengambil foto di daerah ini.
   2) Yono bisa menyetir mobil.
   3) Joko mau pindah rumah.
   4) Anak-anak boleh menonton TV.
   5) Mereka harus masuk asuransi jiwa.
   6) Umar perlu membantu adiknya.
   7) Ibu saya mau memelihara anjing di rumah.
   8) Kamu boleh bergaul dengan Hendi.
   9) Saya dapat memasak sop buntut.
   10) Kita perlu membawa payung.

練習Ⅱ　Latihan Ⅱ

1．次の会話をインドネシア語に訳しましょう。
　1）トノ（Tono）は今日、オフィスに来ますか？
　　　いいえ。彼は今日、オフィスに来ることができません。

　2）質問してもよいですか？
　　　はい、いいですよ。

　3）華子は何を飲みたいですか？
　　　私はコーラが飲みたいです。

　4）私は報告書を作成する必要がありますか？
　　　いいえ。あなた（Anda）は報告書を作成する必要がありません。

　5）今度の日曜日に、彼らは学校に集まらなければなりませんか？
　　　はい。彼らは学校に集まらなければなりません。

　6）今、私はお風呂に入ってもよいですか？
　　　いけません。今、私達（kita）は出かけなければなりません。

　7）サンティ（Santi）は日本語を話せますか？
　　　いいえ。彼女は日本語を話せません。

　8）私たち（kami）は休憩してもよいですか？
　　　はい。あなたたち（kalian）は休憩してもよいです。

　9）ルディ（Rudi）さんと話すことができますか？
　　　少々お待ちください。

　10）あなた（Anda）は全部暗記することができますか？
　　　いいえ。私は全部暗記することができません。

練習Ⅲ Latihan Ⅲ

1. CDを聞いて書きましょう。また、意味を訳しましょう。　CD-63

1) _____

2) _____

3) _____

4) _____

5) _____

6) _____

7) _____

8) _____

9) _____

10) _____

2．CDの内容と一致している絵を選びましょう。　CD-64

① ②  ③  ④  ⑤  ⑥

1)＿＿　2)＿＿　3)＿＿　4)＿＿　5)＿＿　6)＿＿

目で覚える単語　Menghafal dengan Gambar

Rambu Lalu Lintas　交通標識

① berhenti 止まれ　② dilarang belok kanan 右折禁止　③ dilarang belok kiri 左折禁止　④ dilarang bersepeda 自転車禁止　⑤ dilarang masuk 侵入禁止　⑥ dilarang melintas 横断禁止　⑦ dilarang memutar Uターン禁止　⑧ hati-hati 注意　⑨ ikuti lajur kanan 右側通行　⑩ ikuti lajur kiri 左側通行　⑪ jalan licin スリップ注意　⑫ jalan satu arah 一方通行　⑬ kurangi kecepatan 減速　⑭ pangkalan taksi タクシー乗り場　⑮ pemberhentian bis バス停

155

ulangan
復習

復習 2

1．文中の（　）内に適切な前置詞を入れましょう。

1）Tono pergi (　　　　　) sekolah.
2）Mereka datang (　　　　　) Indonesia.
3）Orang tuanya tinggal (　　　　　) Medan.
4）Suami saya ada (　　　　　) kantor.
5）Kucing itu keluar (　　　　　) kamar.
6）Ratna masuk (　　　　　) toko pakaian.
7）Saya berasal (　　　　　) Bandung.
8）Dia turun bis (　　　　　) halte Setiabudi.
9）Keluarga Bapak Umar pindah (　　　　　) Lampung.
10）Anak-anak duduk (　　　　　) bangku.

2．文中の（　）内の動詞に接頭辞 ber- をつけましょう。

1）Kami (main) di lapangan olahraga.
2）Susi (ajar) bahasa Jepang.
3）Istri saya (kerja) di rumah sakit.
4）Temannya (angkat) ke Indonesia.
5）Ayah saya (kacamata).
6）Bis itu (henti) di halte.
7）Saya (sepeda) ke rumah Yudono.
8）Mereka (malam) di hotel.
9）Setiap pagi ayam (telur) di kandang.
10）Setiap sore kakak laki-laki saya (olahraga).

3．下の表を完成させましょう。

接頭辞 me-	先頭の文字	単語例
me-		
mem-		
men-		
meng-		
meny-		
menge-		

4．文中の（　）内の動詞に接頭辞 me-をつけましょう。

1) Ibunya (bawa) tas besar.
2) Saya (pinjam) buku dari Hanako.
3) Adik perempuan saya (cuci) piring di dapur.
4) Mereka (bantu) Pak Kasim.
5) Ibu Santi (ajar) bahasa Indonesia di Universitas Heiwa.
6) Dia (tulis) surat kepada temannya.
7) Saya (sewa) rumah.
8) Kakek saya (rokok) di ruang tamu.
9) Yono (lihat) lukisan itu.
10) Kita (tonton) video di rumah Yudono.

5．日本語の訳になるように、適切な助動詞を入れましょう。

1）彼女はもう帰りました。
　　Dia pulang.

2）レナさんはまだ昼食をとっていません。
　　Ibu Lena makan siang.

3）私はソロへ行くでしょう。
　　Saya pergi ke Solo.

4）ジョコさんは泳げます。
　　Bapak Joko berenang.

5）彼らは今、出発しなければなりません。
　　Mereka berangkat sekarang.

6）あなたはその本を買う必要がありません。
　　Anda tidak membeli buku itu.

7）あなたはお酒を飲んではいけません。
　　Anda tidak minum minuman keras.

8）私はバリ島へ旅行したいです。
　　Saya berjalan-jalan ke pulau Bali.

9）彼女の妹はまだ自転車に乗れません。
　　Adik perempuannya dapat bersepeda.

10）私たちはあなたに会いたいです。
　　Kami bertemu dengan Anda.

索引　Daftar Kosakata

［インドネシア語 —— 日本語］

A

AC	エアコン	1
acara	（催し物の）予定、番組、行事	6
ada	ある、いる、持っている	7
ada yang	（〜なのは）ある	6
adik laki-laki	弟	2
adik perempuan	妹	2
ah	ああ。	6
air	水	1
air aqua	飲料水	4
air hangat	ぬるま湯	3
ajaib	不思議な	1
ajak	誘う	10
ajal	寿命、臨終	1
ajar	〜を教える	8
akal	思考力、工夫、知恵	1
akan	〜するでしょう	7
akar	根	1
akibat	結果	1
aku	僕、あたし	3
alamat	住所	4
album	アルバム	1
alis	まゆげ	7
alpokat	アボカド	8
ambil	取る	9
amboi	まあ！	1
Amerika	アメリカ	3
amplop	封筒	1
anak	子ども	3
Anda	あなた	3
Anda sekalian	あなた達	3
Anggrek Mal	アングレックモール（場所名）	8
anggur	ぶどう、ワイン	7
angin	風	9
angkat	持ち上げる、上げる	8
anjing	犬	7
antara	（〜の）間	6
apa	何	2
Apa kabar ?	お元気ですか？	10
apakah	〜ですか？	2
apel	りんご	8
arloji	腕時計	2
asal	出身	8
asuransi jiwa	生命保険	10
atap	屋根	6
atas	上、〜に関して	10
atau	または	6
atlet	競技者	8
awal	初め、最初	1

ayah	父	2
ayam	鶏	4
ayam betina	雌鶏	8

B

bab	戸、門、章	1
baca	読む	9
badai	嵐	9
badan	体	4
bagian	部分	7
bagus	立派な、(服、色が)良い	6
bahasa	言語、〜語	2
bahasa asing	外国語	2
bahasa Indonesia	インドネシア語	2
bahu	肩	7
baik	(性格・天候が)良い	6
Baik.	かしこまりました。	7
Baik-baik saja.	元気です。	10
baju	上着、服	4
baju kaus	Tシャツ	4
bakat	才能	1
Bali	バリ（地方名）	2
balkon	バルコニー	6
balok	直方体	5
Bandung	バンドゥン（地名）	7
bangku	長椅子	7
bangun	起きる	7
banjir	洪水	9
bank	銀行	3
bantu	援助	9
banyak	たくさんの	9
bapak	父	2
Bapak	あなた	3
Bapak-bapak	あなた達	3
barang	物、荷物	6
barat	西	3
baru	新しい	6
basah	濡れた	4
Batak	バタック（民族名）	3
batik	バティック（ロウ染め更紗）	10
bawa	運ぶ、持ってくる	9
bawang bombai	たまねぎ	8
bawang putih	にんにく	8
bayam	ほうれんそう	8
bayar	支払う	9
beasiswa	奨学金	9
bebek	アヒル	4
beberapa	いくつかの、いくらかの	9
bedak	おしろい	1
Bekasi	ブカシ（地名）	8
bekerja（kerja）	働く	8
bel	呼び鈴	6
belajar（ajar）	勉強する	8
Belanda	オランダ	3

belanja	買い物	8
belas	（10 から 19 までの数に用いられる）	4
beli	買う	9
beliau	あの方	3
belimbing	スターフルーツ	8
belum	まだ～していない	7
bendera	旗	9
bendera merah putih	インドネシア国旗	9
bentuk	形	5
berada（ada）	滞在する	8
berambut（rambut）	髪の毛がある	8
beranak（anak）	子どもを持つ、（動物が）子どもをうむ	8
berangkat（angkat）	出発する	8
berapa	いくら、いくつ	4
beras	米	1
berasal（asal）	出身である	8
berat	重い	4
berat badan	体重	4
berbahasa（bahasa）	～語を話す	8
berbaju（baju）	服を着ている	8
berbelanja（belanja）	買い物をする	8
berbentuk（bentuk）	形をしている	8
berbicara（bicara）	話す、しゃべる	8
berbohong（bohong）	嘘をつく	8
berbuah（buah）	実がなる	8
berbunyi（bunyi）	鳴る、音がする	8
berdiri（diri）	立つ	8
berdua（dua）	2人で、2人は	8
berenang（renang）	泳ぐ	8
berfungsi（fungsi）	動く、機能する	8
bergaul	交際する	10
bergembira（gembira）	喜ぶ	8
berhenti（henti）	止まる、止まれ	8
beri	与える	9
beristirahat（istirahat）	休憩する	8
beristri（istri）	妻がある	8
berjalan-jalan（jalan-jalan）	旅行する、散歩する	10
berjalan kaki（jalan kaki）	歩いて行く	8
berkacamata（kacamata）	眼鏡をかけている	8
berkaki（kaki）	足がある	8
berkata（kata）	言う	8
berkeluarga（keluarga）	家族や所帯を持つ	8
berkereta listrik（kereta listrik）	電車に乗る	8
berkumis（kumis）	口ひげをはやしている	8
berkumpul（kumpul）	集まる	8
berkunjung（kunjung）	訪問する	8

索引

berlari（lari）	走る、逃げる	8	
berlatih（latih）	練習する	8	
berlayar（layar）	航海する、帆を使う	8	
berlima（lima）	5人で、5人は	8	
bermain（main）	遊ぶ	8	
bermalam（malam）	泊まる、夜を越す	8	
berolahraga（olahraga）	運動する	8	
bersama（sama）	一緒に	10	
bersatu（satu）	統合する、1つになる	8	
bersawah（sawah）	田を耕す	8	
bersedih（sedih）	悲しむ	8	
bersepeda（sepeda）	自転車に乗る	8	
berseragam（seragam）	制服を着ている	8	
bersih	きれいな、清潔な	4	
bersuami（suami）	夫がある	8	
bertamu（tamu）	訪問する	8	
bertanya（tanya）	質問する	8	
bertelur（telur）	卵をうむ	8	
bertemu（temu）	会う	8	
bertepuk tangan（tepuk tangan）	手をたたく、拍手する	8	
bertiga（tiga）	3人で、3人は	8	
bertopi（topi）	帽子をかぶっている	8	
berubah（ubah）	変化する	8	
besar	大きい	4	
besok	明日	5	
beternak（ternak）	家畜を飼う	8	
betul	本当の	1	
biaya	費用	4	
biaya masuk	入場料	4	
bibi	叔母、伯母	2	
bibir	唇	7	
bicara	話す、しゃべる	8	
bijaksana	賢明な	1	
biji	〜粒、〜個、	4	
Bintang	ビンタン（ビール名）	7	
bintang	星	7	
bioskop	映画館	9	
bir	ビール	4	
biru	青い	6	
biru muda	水色	6	
bis	バス	2	
bisa	〜できる	10	
Bogor	ボゴール（地名）	7	
bohong	嘘	8	
bola	ボール	8	
boleh	〜してもよい	10	
bolehkah	〜してもいいですか？	10	
bolos	（仕事、学校を）休む	1	
boros	（金を）浪費する	1	
botol	瓶、〜本	4	
brokoli	ブロッコリー	8	

Bu	あなた	3
buah	～個、～台、～軒	4
buah-buahan	果物	3
buat	作る	9
buatan	～製	6
bubur	お粥	4
Bugis	ブギス（民族名）	8
buih	泡	1
bujang	未婚の、独身の	9
bujur sangkar	正方形	5
bukan	～ではない、いいえ	2
buku	本	2
buku catatan	メモ帳	1
bulan	月	5
bulan Agustus	8月	5
bulan April	4月	5
bulan Desember	12月	5
bulan Februari	2月	5
bulan Januari	1月	5
bulan Juli	7月	5
bulan Juni	6月	5
bulan Maret	3月	5
bulan Mei	5月	5
bulan November	11月	5
bulan Oktober	10月	5
bulan September	9月	5
bulat	球、丸い	5
bulu mata	まつげ	7

buncis	いんげん	8
bunga	花	6
bungkus	包み	1
bunyi	音	8
butir	～粒、～個	4

C

cabai	唐辛子	8
cadangan	ウェイティング、予備	9
cair	液体	9
Candi Borobudur	ボロブドゥール寺院	4
cangkir	カップ、～杯	4
cantik	美人な、美しい	4
cap	スタンプ	1
capcai	チャプチャイ（八宝菜）	7
cara	方法	1
cari	探す	9
CD	CD	2
celana	ズボン	4
celana pendek	半ズボン	10
cepat	速い、早い	4
ceria	神聖な	1
cicak	ヤモリ	1
cicit	チッチ（鳴き声）	9
Cipanas	チパナス（地名）	7
cium	（においを）嗅ぐ、キスをする	1

索引

163

Coca-Cola	コカコーラ	10
cuaca	天気	9
cuci	洗う	9
cukup	充分な	1
cuti	休暇	10

D

dada	胸	7
daerah	地域、地方	10
daftar	表	1
daging	肉	6
daging sapi	牛肉	6
dagu	顎	7
dahi	額	7
dalam	（～語）を	8
damai	平和な	1
dan	～と～、そして	7
dapat	～することができる	10
dapur	台所、キッチン	9
darat	陸	9
dari	～から	7
daripada	～よりも	6
datang	来る	7
daun	葉	8
daun bawang	長ねぎ	8
dekat	近い	1
delapan	8	4
delapan belas	18	4

delima	ザクロ	8
dengan	～と一緒に、～で	6
dengan lancar	流暢に	8
dengar	聞く	9
desa	村	7
detik	秒	5
di	～で、～に	6
di antara	間に、間で	7
di atas	上に、上で	7
di bawah	下に、下で	7
di belakang	後ろに、後ろで	7
di dalam	中に、中で	7
di depan	前に、前で	7
di luar	外に、外で	7
di pinggur	端に、端で	7
di samping	横に、横で、側に、側で	7
di seberang	向こう側に、向こう側で	7
di tengah	真ん中に、真ん中で	7
dia	彼、彼女	3
dilarang belok kanan	右折禁止	10
dilarang belok kiri	左折禁止	10
dilarang bersepeda	自転車禁止	10
dilarang masuk	侵入禁止	10
dilarang melintas	横断禁止	10
dilarang memutar	Uターン禁止	10

dingin	寒い、冷たい	4
diri	自分、自身	8
doa	祈り	1
dokter	医者	3
domba	羊	1
dua	2	4
dua belas	12	4
duduk	座る	7
duit	お金	1
dunia	世界	6
durian	ドリアン	8
DVD	DVD	6

E

eh	え？	5
ekor	～匹、しっぽ	4
embun	露	1
empat	4	4
empat belas	14	4
empat persegi	四角形、正方形	8
empuk	柔らかい	4
enak	美味しい	6
enam	6	4
enam belas	16	4
Engkau	君	3
Eropa	ヨーロッパ	8
es	氷	4
es krim	アイスクリーム	9
es teh	アイスティー	4

F

fajar	暁	1
film	映画	9
formulir	フォーム	9
fosil	化石	6
foto	写真	2
frekuensi	周波数	1
fungsi	機能	8

G

gado-gado	ガドガド（料理名）	7
gamelan	ガムラン	2
garam	塩	1
garasi	車庫	6
garpu	フォーク	2
Garuda	ガルーダ（神話上の鳥）、ガルーダ航空	9
gedung	建物、ビル	6
gelap	暗い	4
gelas	コップ	2
gembira	嬉しい	4
gemuk	太っている	4
gereja	教会	6
gerimis	小雨	9
gigi	歯	7
ginjal	腎臓	7

gonggong	（犬が）吠える	1
gorden	カーテン	1
goreng	（油で）揚げる	9
gosok	磨く	10
gugur	散る	1
gula	砂糖	4
guntur	雷	1
gunung	山	6
Gunung Jayawijaya	ジャヤウィジャヤ山	6
guru	教師、先生	3

H

hadiah ulang tahun	誕生日プレゼント	9
hadir	出席する	10
hafal	暗記する	9
halaman	ページ、庭	4
Halo.	もしもし	10
halte bis	バス停	2
halus	細やかな、丁寧な	4
harapan	希望	9
harga	値段	4
hari	日	5
hari ini	今日	5
hari Jumat	金曜日	5
hari Kamis	木曜日	5
hari Minggu	日曜日	5
hari Rabu	水曜日	5
hari Sabtu	土曜日	5
hari Selasa	火曜日	5
hari Senin	月曜日	5
hari ulang tahun	誕生日	5
harimau	トラ	1
harus	～しなければならない	10
hati	肝臓、心	7
hati-hati	注意	10
haus	喉が渇いた	1
henti	やめる、止まる	8
hidung	鼻	7
hidup	生きる、生活する	7
hilang	なくなる、消える	8
hitam	黒い	8
hotel	ホテル	2
HP	携帯電話	2
hujan	雨	9
huruf	文字	1

I

ia	彼、彼女	3
ibu	母	2
Ibu	あなた	3
Ibu-ibu	あなた達	3
ibu rumah tangga	主婦	3
ikan	魚	4

ikuti lajur kanan	右側通行	10
ikuti lajur kiri	左側通行	10
inap	泊まる	9
indah	美しい	6
Indonesia	インドネシア	2
ingat	覚えている、思い出す	7
ingin	〜したい	10
ini	これ、この、こちら	2
instruksi	指導	1
ipar	義兄弟	2
isi	中身	9
isteri	妻	3
istirahat	休憩する	8
istri	妻	3
itu	あれ、それ、あの、その、あちら、そちら	2
izin	許可	1

J

jagung	とうもろこし	8
jahit	縫う	9
jajan	お菓子、おやつ	9
Jakarta	ジャカルタ（地名）	7
jalan	道、通り	2
jalan-jalan	散歩する	9
jalan kaki	歩く	8
jalan licin	スリップ注意	10
jalan satu arah	一方通行	10
jalan tol	高速道路	2
jam	時間、時計、〜時	2
jam dinding	壁時計	1
jam tangan	腕時計	2
jambu	グアバ	8
jambu batu	グアバ（グアバの一種）	8
jamur	きのこ	8
janda	未亡人	9
jantung	心臓	7
jari	指	7
jarum	針	1
jas	ジャケット	4
jatuh	落ちる、転ぶ	7
jauh	遠い	6
Jawa	ジャワ（地方名）	2
jawab	答える	1
jawaban	回答、解答	9
jelek	悪い	4
jembatan	橋	2
jemput	出迎える	9
jenggot	顎ひげ	7
Jepang	日本	2
Jerman	ドイツ	8
jeruk	みかん	6
jeruk Bali	ザボン	8

索引

jeruk panas	ホットオレンジジュース	7
jual	売る	9
jumlah	合計、総数	4

K

kabar	ニュース	8
kabel	ケーブル	7
kabinet arsip	キャビネット	1
kabut	霧	9
kaca	ガラス	1
kacamata	眼鏡	4
kacang	豆	9
kacang merah	金時豆	8
kacang polong	サヤエンドウ	8
kado	贈物	2
kakak ipar	義兄、義姉	2
kakak laki-laki	兄	2
kakak perempuan	姉	2
kakek	祖父	2
kakek buyut	曾祖父	2
kaki	足	7
kaki lima	屋台	6
kalah	負ける	1
kalau	もし〜ならば	1
kalender	カレンダー	1
kaleng	缶、〜缶	4
Kalian	君達	3
kalkulator	電卓	1
kalung	ネックレス	4
kamar	部屋	4
kambing	山羊	4
kamera	カメラ	2
kami	私たち	3
Kamu	お前、君	3
kamus	辞書	2
kantor	事務所、会社	2
kantor pos	郵便局	6
kapal	船	8
kapan	いつ	5
karang	（花を）活ける、作文する	9
karcis	切符	9
karyawan	従業員	3
karyawati	女子従業員	3
kas	金庫	2
kasar	粗雑な	4
kasur	マットレス	1
kata	言葉	8
kaum	〜階級	1
kawin	結婚する	7
kaya	金持ちの	4
kayu	木材	3
ke	〜へ	7
keadaan	状態	1

kebaya	クバヤ（婦人用の上着）	9		kentang	じゃがいも	8
				kenyang	満腹の	1
Kebayoran Baru	クバヨラン・バル（地域名）	9		kepada	～に（人に対して）	8
kebetulan	偶然	5		kepala	頭	7
Kebon Jeruk	クボン・ジュルック（地名）	8		keponakan	甥、姪	2
				kepunyaan	～のもの	3
kebun	畑	6		keras	かたい	4
kecap	醤油	9		kereta	汽車	7
kecelakaan	事故	1		kereta listrik	電車	8
kecil	小さい	4		kering	乾いた	4
kecuali	例外、除いて	1		kerja	仕事	7
kedua	第二（の）	4		kerongkongan	喉	7
keempat	第四（の）	1		kertas	紙	1
keindahan	美しさ	1		kertas surat	便箋	2
keju	チーズ	9		kerucut	円錐形	5
kelapa	椰子	7		kesemek	柿	8
kelas	クラス	6		ketiga	第三（の）	4
kelinci	ウサギ	7		keunikan	特徴	1
keluar	外出する、出る	7		khatulistiwa	赤道	1
keluarga	家族	2		khayal	想像	1
kemarin	昨日	5		khotbah	説教	1
kemarin dulu	一昨日	5		kilat	稲妻	9
kembali	戻る	7		kilo（gram）	キログラム	4
kembang kol	カリフラワー	8		kipas angin	扇風機	3
kemeja	ワイシャツ	1		kira-kira	だいたい	4
kenalan	知人	10		kiri	左	1
Kenalkan.	はじめまして。	3		kirim	送る	9
kenang-kenangan	記念、思い出	2		kita	私達	3

索引

kol	キャベツ	8		kurus	痩せている	4
kolam renang	プール	8				
komputer	コンピュータ	1		**L**		
kondominium	コンドミニアム	6		labu	カボチャ	8
konser	コンサート	8		laci	引き出し	1
koordinator	コーディネーター	1		ladang	畑	9
kopi	コーヒー	3		lagu	歌	2
kopor	スーツケース	9		lagu kebangsaan Indonesia	インドネシア国歌	9
koran	新聞	1		lain	他の	1
kosong	空っぽの、0	4		laki-laki	男	3
kota	都市、市、町	6		lama	（時間が）長い、古い	5
kotak surat	郵便受	6		lambat	遅い	4
kotor	汚れた、汚い	4		lambung	胃	7
kuat	強い	4		lampu	電気、照明器具	3
kubus	立方体	5		lampu lalu lintas	信号	2
kucing	猫	8		lantai	床	7
kuda	馬	8		lapangan	広場	8
kue	ケーキ、お菓子	9		lapangan olahraga	競技場、運動場	8
kue tar	デコレーションケーキ	10		lapar	空腹の	1
kumis	口ひげ	7		laporan	報告書	10
kumpul	集まる	8		lari	走る	8
kunci	鍵	2		latih	練習する	8
kunjung	訪問する	8		lauk-pauk	おかず	3
kuntum	（花の）つぼみ	1		layar	帆	8
kurang	足りない	5		lebih	より〜	6
kurangi kecepatan	減速	10		leher	首	7
kursi	椅子	2		lemah	弱い	4

lemari	戸棚	2		mahal	（値段が）高い	6
lemari buku	本棚	9		mahasiswa	大学生	2
lemari es	冷蔵庫	6		mahasiswi	女子大学生	3
lembar	〜枚	4		main	遊ぶ	8
lengan	腕	7		majalah	雑誌	1
lengkap	完全	1		maju	前進する	7
lesu	だるい	9		makan	食べる	7
letak	位置、場所	1		makan siang	昼食、昼食をとる	7
lewat	過ぎた	5		malam	夜	3
lidah	舌	7		malam-malam	夜遅く	7
lihat	見る	9		malam Minggu	土曜日の夜	9
lima	5	4		malas	怠惰な	6
lima belas	15	4		Malaysia	マレーシア	7
lingkaran	円	5		mampir	立ち寄る	10
listrik	電気	8		mana	どこ	2
lobak putih	大根	8		mandi	マンディ（水浴び）する	7
Lombok	ロンボック（地名）	7				
lonceng	チャイム	8		mangga	マンゴー	8
losmen	ロスメン（民宿）	4		manggis	マンゴスチン	8
luas	広い、面積	4		mangkuk	お椀、〜杯	4
luas tanah	土地の面積	4		manis	甘い	6
lukisan	絵画	1		map	ファイル	1
lupa	忘れる	7		marah	怒る	1
lusa	明後日	5		markisa	パッションフルーツ	8
				masak	料理する、熟す	9
M				masakan	料理	2
maaf	許し	1		masalah	問題	10
Madura	マドゥラ（地名）	8		masih	まだ〜である	7

171

masuk	入る	7
masyarakat	社会	1
mata	目	7
mati	死ぬ	7
mau	〜が欲しい	7
	〜したい	10
mebel	家具	1
Medan Merdeka	独立広場	8
meja	机	2
meja makan	食卓	3
meja tulis	勉強机、事務机	6
melihat（lihat）	〜を見る	9
memakai（pakai）	使う、着る	10
memancing（pancing）	〜を釣る	9
memanggil（panggil）	〜を呼ぶ	9
memasak（masak）	〜を料理する	9
membaca（baca）	〜を読む	9
membangun（bangun）	〜を建てる	9
membantu（bantu）	〜を手伝う	9
membawa（bawa）	〜を持つ、〜を運ぶ	9
membayar（bayar）	〜を支払う	9
membeli（beli）	〜を買う	9
memberi（beri）	〜を与える	9
membesar（besar）	大きくなる	9
membuat（buat）	〜を作る	9

membujang（bujang）	独身でいる	9
memegang（pegang）	〜を持つ、〜をつかむ	9
memelihara（pelihara）	〜を飼う、〜の世話をする	9
memesan（pesan）	〜を注文する、予約する	9
meminjam（pinjam）	〜を借りる	9
memotong（potong）	〜を切る	9
memotret（potret）	写真をとる	9
menanam（tanam）	〜を植える	9
menarik（tarik）	面白い	6
mencair（cair）	〜がとける	9
mencari（cari）	〜を探す	9
mencicit（cicit）	チッチと鳴く	9
mencuci（cuci）	〜を洗う	9
mendapat（dapat）	〜を得る	9
mendarat（darat）	着陸する、上陸する	9
mendengar（dengar）	〜を聞く	9
mendung	曇り	9
menelepon（telepon）	電話をかける	9
menerima（terima）	〜を受け取る	9
mengajak（ajak）	〜を誘う	10
mengajar（ajar）	〜を教える	9
mengambil（ambil）	〜を取る	9

mengapa（apa）	どうして、何	9
mengarang（karang）	（花を）活ける、作文する	9
mengecap（kecap）	味わう	9
mengepak（pak）	～を梱包する	9
mengepel（pel）	（床などを）拭く	9
menggoreng（goreng）	～を油で揚げる	9
menggosok（gosok）	～を磨く	10
menghafal（hafal）	～を暗記する	9
menginap（inap）	～に泊まる	9
mengisi（isi）	～に記入する、～を入れる	9
mengopi（kopi）	コーヒーを飲む	9
menikah（nikah）	結婚する	9
menit	分	5
menjahit（jahit）	～を縫う	9
menjamur（jamur）	溢れかえる	9
menjanda（janda）	未亡人として生きる	9
menjemput（jemput）	～を出迎える	9
menjual（jual）	～を売る	9
menonton（tonton）	（テレビ、映画などを）観る	9
menteri	大臣	1
menulis（tulis）	～を書く	9
menunggu（tunggu）	～を待つ	9
menunjuk（tunjuk）	～を指さす	9
menyalin（salin）	～を書き写す、複写する	9
menyambal（sambal）	サンバルを作る	9
menyani（nyanyi）	～を歌う	9
menyapu（sapu）	ほうきで掃く	9
menyemut（semut）	～に群がる	9
menyetir（setir）	運転する	10
menyewa（sewa）	～を借りる	9
merah	赤い	6
merasa（rasa）	～を感じる	9
merawat（rawat）	看護する、世話をする	9
merdeka	独立	8
mereka	彼ら、彼女ら	3
merokok（rokok）	たばこを吸う	9
mesin	機械	8
mesin cuci	洗濯機	4
mesin fotokopi	コピー機	1
mesin tik	タイプライター	1
mesjid	モスク	6
meter	メートル	4
meter persegi	平方メートル	4
mie	麺	4
mie goreng	焼きそば	4
minggu	週	5
minum	飲む	7

minuman	飲み物	7
minuman keras	お酒	7
miskin	貧乏な	4
mobil	車	2
model	デザイン	6
MONAS（Monumen Nasional）	独立記念塔	4
motor	モーター	1
muda	若い	6
muka	顔	7
mulai	始める、始まる	10
mulut	口	7
mundur	後退する	7
murah	安い	6
murid	生徒	3
murid SD	小学生	3
murid SMA	高校生	3
murid SMP	中学生	3
murid SMU	高校生	3
musik	音楽	2
musim	季節	9
musim dingin	冬	9
musim gugur	秋	9
musim hujan	雨季	9
musim kemarau	乾季	9
musim panas	夏	9
musim semi	春	9

N

naik	乗る、上がる	7
nama	名前	3
nanas	パイナップル	8
nangka	ジャックフルーツ	8
nanti	後で	10
nanti malam	今夜	10
nasihat	忠告、アドバイス	9
nasi putih	ご飯	3
negeri	国	8
nenek	祖母	2
nenek buyut	曾祖母	2
ngeong	ニャー（猫の鳴き声）	1
ngobrol	おしゃべりする	1
nikah	結婚	9
nol	0	4
nomor	番号	4
nomor telepon	電話番号	4
Nona	あなた	3
Nona-nona	あなた達	3
nyamuk	蚊	1
nyanyi	歌	9
Nyonya	あなた	3
Nyonya-nyonya	あなた達	3

O

odol	歯磨き	1

oh	へえ、おー（感嘆詞）	5	paling	最も、一番	6
olahraga	スポーツ	8	palsu	偽の	1
om	叔父、伯父	2	paman	叔父、伯父	2
oma	祖母	2	panas	暑い、熱い	4
ongkos	料金、工賃	4	pancing	〜を釣る	9
ongkos jahit	仕立て代	4	pandai	賢い、上手な	1
ongkos kirim	送料	4	panggil	呼ぶ	9
opa	祖父	2	pangkalan taksi	タクシー乗り場	10
orang	人、〜人	2	panjang	長い	4
orang Barat	西洋人	3	papan	板	1
orang Timur	東洋人	3	para	（人を表す名詞の前につけて複数化する）	8
orang tua	両親	7			
otak	脳	7	paru-paru	肺	7
otot	筋肉	1	pas	ちょうど、ぴったり	6
oval	楕円	5	pasar	市場	9
			pasar swalayan	スーパーマーケット	6
P			pasien	患者	7
pabrik	工場	3	payung	傘	10
pada	〜に（時間、日付）	8	pedas	辛い	6
pagi	朝	3	pegang	つかむ	9
pagi-pagi	朝早く	7	pegawai	社員	2
pahit	苦い	6	pegawai bank	銀行員	3
Pak	あなた	3	pegawai kantor	会社員	2
pak	パック、梱包	9	pel	ぞうきん	9
pakai	着る、使う	10	pelan	ゆっくり	1
paket	小包	2	pelangi	虹	9
paket pos	郵便小包	2	pelayan	店員	7
pala	ニクズクの実と花	1	pelihara	世話する、飼う	9

pemandangan	風景	9
pemberhentian bis	バス停	10
pena	ペン	2
pendek	短い、低い（身長が）	4
pensil	鉛筆	2
penuh	満杯の	4
pepaya	パパイヤ	8
peran	役者	1
perangko	切手	2
perawat	看護師	3
perayaan	お祝い	1
perbelanjaan	買い物	6
perempuan	女	3
pergi	行く	7
perkalian	かけ算	9
perlu	〜する必要がある	10
pernah	かつて	7
perpustakaan	図書館	9
persegi panjang	長方形	5
pertama	最初、第一（の）	4
perusahaan	会社、企業	3
pesan	注文、伝言	9
pesawat	飛行機	4
pesta	パーティー	8
petir	雷	9
piano	ピアノ	10
pil	錠剤、ピル	4
pindah	移動する、引っ越す	7
pindah kerja	転職する	7
pinggang	腰	7
pinggul	お尻	7
pinjam	借りる	9
pintar	頭が良い、賢い	6
pipi	頬	7
piramida	ピラミッド	5
piring	皿	2
pisang	バナナ	8
PLN（Perusahaan Listrik Negara）	国営電力会社	8
pohon	木	7
polisi	警察官	4
pompa bensin	ガソリンスタンド	6
pos	郵便	2
potong	切る	9
potret	写真	9
PP（pulang pergi）	往復	4
pramuniaga	店員	6
Prancis	フランス	10
presiden	大統領、社長	3
puisi	詩	9
pulang	帰る	7
pulau	島	1
pun	〜さえも	8
pusat	中央、センター	6
pusat perbelanjaan	ショッピングセンター	6

putus	切れる	7

Q

Quran	コーラン	1

R

rajin	真面目な、勤勉な	6
ramai	賑やかな	6
Rambu Lalu Lintas	交通標識	10
rambut	髪の毛	6
rasa	味、感覚	9
rawat	看護する、世話をする	9
rekan	同僚	10
remote control	リモコン	1
renang	水泳	8
rendah	低い	4
restoran	レストラン	10
retak	ひび（皿などの）	1
rindu	恋しい	1
ringan	軽い	4
rokok	たばこ	9
roti	パン	2
Rp.	ルピア	4
ruang	部屋	9
ruang makan	ダイニング	3
ruang tamu	応接室	9
rumah	家	2
rumah makan	食堂	6
rumah sakit	病院	2
rumah sakit umum	総合病院	2
rumah tangga	家庭	3
rusa	鹿	1
rusak	こわれた	8

S

saat	瞬間	1
sabda	（神、王の）言葉	1
sabun	石鹸	1
saing	競う	1
saja	〜だけ	7
sakelar	スイッチ	1
sakit	病気の、痛い	2
salin	交換する、取り替える	9
sama	同じ	5
sambal	サンバル（調味料）	4
sampai	着く、〜まで	1
sandal	サンダル	6
sangat	大変〜、非常に	6
sapi	牛	6
sapu	ほうき	9
satu	1	4
saudara	兄弟、姉妹	3
Saudara	あなた	3

177

saudara sepupu	いとこ	2
Saudara-saudara	あなた達	3
Saudara-saudari	あなた達	3
Saudari	あなた	3
Saudari-saudari	あなた達	3
sawah	水田	8
saya	私	3
sayur-sayuran	野菜類	8
SD（Sekolah Dasar）	小学校	3
seandainya	例えば	1
sebab	原因、理由	1
sebelas	11	4
sebentar	しばらく	10
sedang	〜しているところ（進行形）	7
sedih	悲しい	4
segiempat	四角形	5
segilima	五角形	5
segitiga	三角形	5
seikat	1束	1
sejarah	歴史	2
sekali	大変〜、とても〜 / 一回	6 / 9
sekarang	今	5
sekolah	学校	2
sekretaris	秘書	10
Selamat malam.	こんばんは。	3
Selamat pagi.	おはよう。	3
Selamat siang.	こんにちは。	3
Selamat sore.	こんにちは。	3
selatan	南	7
seledri	セロリ	8
selotip	セロファンテープ	1
seluruh	全〜	6
seluruh dunia	全世界	6
semakin	ますます〜	9
semangka	すいか	8
sembilan	9	4
sembilan belas	19	4
sementara	一方で、しばらく	1
sempit	狭い	4
semua	みんな、全部	6
semut	蟻	9
sendok	スプーン	2
sendok sup	おたま	3
senti（meter）	センチ	4
sepak bola	サッカー	8
sepatah kata	一言	8
sepatu	靴	2
sepeda	自転車	2
sepeda motor	オートバイ	2
seperdua	2分の1、半分	5
seperempat	4分の1	5
sepoi	風がそよそよと	1
sepuluh	10	4
seragam	制服	8

serbet	ナプキン	3
serbet kertas	紙ナプキン	3
setengah	2分の1、半分	5
setengah lingkaran	半円	5
setiap	毎〜	8
setir	舵、ハンドル	10
seumur	同じ年	1
sewa	借りる（お金を払って使う）	9
siang	昼	3
siapa	誰	2
siapa yang	（〜の人は）誰	6
sifat	性格、性質	1
silakan	どうぞ	6
Silakan coba.	どうぞお試しください。	6
silinder	円柱形	5
sinar-X	エックス線	1
Singapura	シンガポール	3
singgah	立ち寄る	7
siul	口笛	1
SMA（Sekolah Menengah Atas）	高校	3
SMP（Sekolah Menengah Pertama）	中学校	3
SMU（Sekolah Menengah Umum）	高校	3
sofa	ソファー	1
Solo	ソロ（地名）	7
sop	スープ	7
sop buntut	オックステールスープ	10
sopir	運転手	3
sore	夕方	3
stasiun	駅	7
stasiun kereta api	駅	6
stepler	ホチキス	1
suami	夫	3
sudah	もう〜した	7
sudah lama	長い間	9
suka	好き	6
Sukabumi	スカブミ（地名）	7
sukun	パンの実	8
Sulawesi Selatan	南スラウェシ（地方名）	8
sumpit	箸	2
Sunda	スンダ（民族名）	3
sungai	川	7
supir	運転手	3
Surabaya	スラバヤ（地名）	7
surat	手紙	1
surat kabar	新聞	1
surat laporan	報告書	10
susu	牛乳	7
syarat	条件	1
syukur	（神に対する）感謝	1

索引

T

taat	従順な	1
tadi malam	昨晩	7
tadi pagi	今朝	7
tahu	知っている	7
tahun	年	4
taksi	タクシー	3
tali	ひも	1
taman	庭、公園	8
taman kanak-kanak（TK）	幼稚園	9
tamu	客	9
tanah	土地	4
tanam	植えつける	9
tanda	印	1
tangan	手	7
tangga	階段	7
tanggal	日付け	5
tante	叔母、伯母	2
tanya	質問	8
taoge	もやし	8
taplak meja	テーブルクロス	3
tari	踊り、舞踊	1
tarif	料金	4
tarik	引く	9
tas	鞄	2
tatap	ながめる、みつめる	1
tebal	厚い	4
teh	お茶	3
telah	もう〜した	7
telepon	電話	1
telepon genggam	携帯電話	9
telepon umum	公衆電話	6
televisi	テレビ	1
telinga	耳	7
telur	卵	4
teman	友だち	3
tempat	場所、容器	6
tempat parkir	駐車場	6
tempat penjualan	販売所	9
tempat tidur	ベッド	6
temu	会う	8
tengah	真ん中	8
tentang	〜について	10
tepat	ちょうど、ぴったり	5
tepuk	手を打つ音	8
terang	明るい	4
terbit	（太陽が）登る	1
terima	受け取る	9
Terima kasih.	ありがとう。	10
terlalu	〜過ぎる	6
ternak	家畜	8
terung	茄子	8
tiang	柱	1
tiba	到着する	7

tidak	いいえ、〜ではない	6	tulis	書く	9
tidur	寝る	7	tunggal	唯一の	1
tiga	3	4	tunggu	待つ	9
tiga belas	13	4	tunjuk	指さす	9
tiket	チケット	4	turun	降りる、下がる	7
tikus	ねずみ	9	tuntut	訴える、要求する	1
timun	きゅうり	8			
timur	東	3		**U**	
tinggal	住む、留まる、残る	7	uang	お金	9
tinggi	高い	4	uang jajan	おこづかい	9
tinggi badan	身長	4	ubah	変化する	8
tinta	インク	2	ubi jalar	さつまいも	8
tipis	薄い	4	ukur	測る	1
tiup	吹く	1	ukuran	サイズ	4
toko	店	2	umur	年齢	4
tomat	トマト	8	undangan	招待	10
tonton	観る	9	universitas	大学	3
topi	帽子	8	upacara	儀式、式典	10
tua	年老いた、古い	6	usul	提案	1
Tuan	あなた	3	usus	腸	7
Tuan-tuan	あなた達	3	usus buntut	盲腸	7
tubuh	体	7	utara	北	7
tujuh	7	4	utuh	無傷な	1
tujuh belas	17	4			
tukang	職人	3		**V**	
tukang jahit	仕立て屋	3	valuta	通貨	1
tukang kayu	大工	3	vas	花瓶	9
tukar	交換する	1	visa	ビザ	1

索引

vitamin	ビタミン	1

W

wadah	器	1
waktu	時	1
warna	色	6
weker	目覚まし時計	2
wibawa	権威	1
wisata	観光	1
wortel	にんじん	8

Y

ya	はい	2
〜，ya.	〜ですね。	6
yaitu	すなわち	1
yakin	確信	1
yang akan datang	〜後	5
yang lalu	〜前	5
yang mana	どちら、どれ	6

Z

zaitun	オリーブ	1
zakat	喜捨	1
zamrud	エメラルド	1

[日本語 —— インドネシア語]

あ

日本語	インドネシア語	
ああ。	ah	6
アイスクリーム	es krim	9
アイスティー	es teh	4
(〜の) 間	antara	6
間に／で	di antara	7
会う	bertemu (temu)	8
	temu	8
青い	biru	6
赤い	merah	6
暁	fajar	1
上がる	naik	7
明るい	terang	4
秋	musim gugur	9
上げる	angkat	8
(油で) 揚げる	goreng	9
(〜を油で) 揚げる	menggoreng (goreng)	9
顎	dagu	7
顎ひげ	jenggot	7
朝	pagi	3
明後日	lusa	5
朝早く	pagi-pagi	7
足	kaki	7
味	rasa	9
足がある	berkaki (kaki)	8
味わう	mengecap (kecap)	9
明日	besok	5
遊ぶ	bermain (main)	8
	main	8
与える	beri	9
(〜を) 与える	memberi (beri)	9
あたし	aku	3
頭	kepala	7
頭が良い	pintar	6
新しい	baru	6
あちら	itu	2
熱い、暑い	panas	4
厚い	tebal	4
集まる	berkumpul (kumpul)	8
	kumpul	8
後で	nanti	10
アドバイス	nasihat	9
あなた	Anda	3
	Bapak	3
	Bu	3
	Ibu	3
	Nona	3
	Nyonya	3
	Pak	3
	Saudara	3
	Saudari	3
	Tuan	3
あなた達	Anda sekalian	3
	Bapak-bapak	3
	Ibu-ibu	3

あなた達	Nona-nona	3		暗記する	hafal	9
	Nyonya-nyonya	3		（〜を）暗記する	menghafal（hafal）	9
	Saudara-saudara	3				
	Saudara-saudari	3		アングレックモール（場所名）	Anggrek Mal	8
	Saudari-saudari	3				
	Tuan-tuan	3				
兄	kakak laki-laki	2			**い**	
姉	kakak perempuan	2				
あの	itu	2		胃	lambung	7
あの方	beliau	3		いいえ	bukan	2
アヒル	bebek	4			tidak	6
溢れかえる	menjamur（jamur）	9		言う	berkata（kata）	8
アボカド	alpokat	8		家	rumah	2
甘い	manis	6		生きる	hidup	7
雨	hujan	9		行く	pergi	7
アメリカ	Amerika	3		いくつ	berapa	4
洗う	cuci	9		いくつかの	beberapa	9
（〜を）洗う	mencuci（cuci）	9		いくら	berapa	4
嵐	badai	9		いくらかの	beberapa	9
蟻	semut	9		活ける（花を）	karang	9
ありがとう。	Terima kasih.	10			mengarang（karang）	9
ある	ada	7		医者	dokter	3
（〜なのは）ある	ada yang	6		椅子	kursi	2
歩いて行く	berjalan kaki（jalan kaki）	8		板	papan	1
歩く	jalan kaki	8		痛い	sakit	2
アルバム	album	1		位置	letak	1
あれ	itu	2		1	satu	4
泡	buih	1		1月	bulan Januari	5
				市場	pasar	9
				一番	paling	6

いつ	kapan	5
一回	sekali	9
一緒に	bersama(sama)	10
（〜と）一緒に	dengan	6
一方通行	jalan satu arah	10
一方で	sementara	1
偽の	palsu	1
移動する	pindah	7
いとこ	saudara sepupu	2
稲妻	kilat	9
犬	anjing	7
祈り	doa	1
今	sekarang	5
妹	adik perempuan	2
いる	ada	7
（〜を）入れる	mengisi (isi)	9
色	warna	6
インク	tinta	2
いんげん	buncis	8
インドネシア	Indonesia	2
インドネシア語	bahasa Indonesia	2
インドネシア国歌	lagu kebangsaan Indonesia	9
インドネシア国旗	bendera merah putih	9
飲料水	air aqua	4

う

上	atas	10
上に／で	di atas	7
ウェイティング	cadangan	9
植えつける	tanam	9
（〜を）植える	menanam(tanam)	9
雨季	musim hujan	9
受け取る	terima	9
（〜を）受け取る	menerima (terima)	9
動く	berfungsi (fungsi)	8
ウサギ	kelinci	7
牛	sapi	6
後ろに／で	di belakang	7
薄い	tipis	4
右折禁止	dilarang belok kanan	10
嘘	bohong	8
嘘をつく	berbohong (bohong)	8
歌	lagu	2
	nyanyi	9
（〜を）歌う	menyani(nyanyi)	9
訴える	tuntut	1
美しい	cantik	4
	indah	6
美しさ	keindahan	1
器	wadah	1
腕	lengan	7
腕時計	jam tangan	2
	arloji	2

索引

185

馬	kuda	8
売る	jual	9
（〜を）売る	menjual（jual）	9
嬉しい	gembira	4
上着	baju	4
運転手	sopir, supir	3
運転する	menyetir（setir）	10
運動場	lapangan olahraga	8
運動する	berolahraga（olahraga）	8

え

え？	eh	5
エアコン	AC	1
映画	film	9
映画館	bioskop	9
駅	stasiun kereta api	6
	stasiun	7
液体	cair	9
エックス線	sinar-X	1
エメラルド	zamrud	1
（〜を）得る	mendapat（dapat）	9
円	lingkaran	5
援助	bantu	9
円錐形	kerucut	5
円柱形	silinder	5
鉛筆	pensil	2

お

おー（感嘆詞）	oh	5
甥	keponakan	2
美味しい	enak	6
お祝い	perayaan	1
応接室	ruang tamu	9
横断禁止	dilarang melintas	10
往復	PP（pulang pergi）	4
大きい	besar	4
大きくなる	membesar（besar）	9
オートバイ	sepeda motor	2
お菓子	jajan	9
	kue	9
おかず	lauk-pauk	3
お金	duit	1
	uang	9
お粥	bubur	4
起きる	bangun	7
贈物	kado	2
送る	kirim	9
お元気ですか？	Apa kabar？	10
おこづかい	uang jajan	9
怒る	marah	1
お酒	minuman keras	7
おじ（叔／伯父）	om, paman	2
（〜を）教える	ajar	8
	mengajar（ajar）	9
おしゃべりする	ngobrol	1
おしろい	bedak	1

遅い	lambat	4
おたま	sendok sup	3
お茶	teh	3
落ちる	jatuh	7
オックステールスープ	sop buntut	10
夫	suami	3
夫がある	bersuami（suami）	8
音	bunyi	8
弟	adik laki-laki	2
音がする	berbunyi（bunyi）	8
男	laki-laki	3
一昨日	kemarin dulu	5
踊り	tari	1
同じ	sama	5
同じ年	seumur	1
おば（叔／伯母）	bibi	2
おば（叔／伯母）	tante	2
おはよう。	Selamat pagi.	3
覚えている	ingat	7
お前	Kamu	3
重い	berat	4
思い出す	ingat	7
思い出	kenang-kenangan	2
面白い	menarik（tarik）	6
おやつ	jajan	9
泳ぐ	berenang（renang）	8
オランダ	Belanda	3

オリーブ	zaitun	1
降りる	turun	7
お椀	mangkuk	4
音楽	musik	2
女	perempuan	3

か

蚊	nyamuk	1
カーテン	gorden	1
絵画	lukisan	1
〜階級	kaum	1
外国語	bahasa asing	2
会社	kantor	2
	perusahaan	3
会社員	pegawai kantor	2
外出する	keluar	7
階段	tangga	7
回答、解答	jawaban	9
買い物	belanja	8
	perbelanjaan	6
買い物をする	berbelanja（belanja）	8
買う	beli	9
（〜を）買う	membeli（beli）	9
飼う	pelihara	9
（〜を）飼う	memelihara（pelihara）	9
帰る	pulang	7
顔	muka	7

索引

187

柿	kesemek	8		学校	sekolah	2
鍵	kunci	2		かつて	pernah	7
（〜を）書き写す	menyalin（salin）	9		カップ	cangkir	4
書く	tulis	9		家庭	rumah tangga	3
（〜を）書く	menulis（tulis）	9		ガドガド（料理名）	gado-gado	7
嗅ぐ（においを）	cium	1		悲しい	sedih	4
家具	mebel	1		悲しむ	bersedih（sedih）	8
確信	yakin	1		（お）金	duit	1
かけ算	perkalian	9			uang	9
傘	payung	10		金持ちの	kaya	4
（お）菓子	kue	9		彼女	dia, ia	3
舵	setir	10		彼女ら	mereka	3
賢い	pandai	1		鞄	tas	2
	pintar	6		花瓶	vas	9
かしこまりました。	Baik.	7		壁時計	jam dinding	1
風	angin	9		カボチャ	labu	8
化石	fosil	6		紙	kertas	1
家族	keluarga	2		紙ナプキン	serbet kertas	3
家族を持つ	berkeluarga（keluarga）	8		雷	guntur	1
					petir	9
ガソリンスタンド	pompa bensin	6		髪の毛	rambut	6
肩	bahu	7		髪の毛がある	berambut（rambut）	8
かたい	keras	4				
形	bentuk	5		ガムラン	gamelan	2
形をしている	berbentuk（bentuk）	8		カメラ	kamera	2
				（お）粥	bubur	4
家畜	ternak	8		火曜日	hari Selasa	5
家畜を飼う	beternak（ternak）	8		〜から	dari	7
				辛い	pedas	6

ガラス	kaca	1
体	badan	4
	tubuh	7
空っぽの	kosong	4
カリフラワー	kembang kol	8
(〜を) 借りる	meminjam (pinjam)	9
借りる	pinjam	9
	sewa	9
	menyewa	9
軽い	ringan	4
ガルーダ (神話上の鳥)	Garuda	9
ガルーダ航空	Garuda	9
彼	dia, ia	3
彼ら	mereka	3
カレンダー	kalender	1
川	sungai	7
乾いた	kering	4
缶	kaleng	4
〜缶	kaleng	4
感覚	rasa	9
乾季	musim kemarau	9
観光	wisata	1
看護師	perawat	3
看護する	merawat (rawat)	9
	rawat	9
(〜に) 関して	atas	10
感謝 (神に対する)	syukur	1
患者	pasien	7
(〜を) 感じる	merasa (rasa)	9
完全	lengkap	1
肝臓	hati	7

き

木	pohon	7
消える	hilang	8
機械	mesin	8
企業	perusahaan	3
義兄	kakak ipar	2
義兄弟 (姉妹)	ipar	2
聞く	dengar	9
(〜を) 聞く	mendengar (dengar)	9
義姉	kakak ipar	2
キスをする	cium	1
儀式	upacara	10
喜捨	zakat	1
汽車	kereta	7
季節	musim	9
競う	saing	1
北	utara	7
汚い	kotor	4
キッチン	dapur	9
切手	perangko	2
切符	karcis	9
(〜に) 記入する	mengisi (isi)	9
記念	kenang-kenangan	2

機能	fungsi	8
昨日	kemarin	5
機能する	berfungsi（fungsi）	8
きのこ	jamur	8
希望	harapan	9
君	Engkau、Kamu	3
君達	Kalian	3
客	tamu	9
キャビネット	kabinet arsip	1
キャベツ	kol	8
9	sembilan	4
球	bulat	5
休暇	cuti	10
休憩する	beristirahat（istirahat）	8
	istirahat	8
牛肉	daging sapi	6
牛乳	susu	7
きゅうり	timun	8
今日	hari ini	5
教会	gereja	6
競技者	atlet	8
競技場	lapangan olahraga	8
教師	guru	3
行事	acara	6
兄弟	saudara	3
許可	izin	1
霧	kabut	9
切る	potong	9
（〜を）切る	memotong（potong）	9
着る	memakai（pakai）	10
	pakai	10
きれいな	bersih	4
切れる	putus	7
キログラム	kilo（gram）	4
金庫	kas	2
銀行	bank	3
銀行員	pegawai bank	3
金時豆	kacang merah	8
筋肉	otot	1
勤勉な	rajin	6
金曜日	hari Jumat	5

く

グアバ	jambu	8
グアバ(グアバの一種)	jambu batu	8
偶然	kebetulan	5
空腹の	lapar	1
9月	bulan September	5
果物	buah-buahan	3
口	mulut	7
口ひげ	kumis	7
口ひげをはやしている	berkumis（kumis）	8
唇	bibir	7
口笛	siul	1
靴	sepatu	2
国	negeri	8

クバヤ（婦人用の上着）	kebaya	9
クバヨラン・バル（地域名）	Kebayoran Baru	9
首	leher	7
工夫	akal	1
クボン・ジュルック（地名）	Kebon Jeruk	8
曇り	mendung	9
暗い	gelap	4
クラス	kelas	6
来る	datang	7
車	mobil	2
黒い	hitam	8

け

警察官	polisi	4
携帯電話	HP	2
	telepon genggam	9
ケーキ	kue	9
ケーブル	kabel	7
今朝	tadi pagi	7
結果	akibat	1
結婚	nikah	9
結婚する	kawin	7
	menikah（nikah）	9
月曜日	hari Senin	5
〜軒	buah	4
権威	wibawa	1
原因	sebab	1
元気です。	Baik-baik saja.	10
（お）元気ですか？	Apa kabar？	10
言語	bahasa	2
減速	kurangi kecepatan	10
賢明な	bijaksana	1

こ

5	lima	4
〜個	biji	4
	buah	4
	butir	4
〜語	bahasa	2
〜後	yang akan datang	5
恋しい	rindu	1
公園	taman	8
航海する	berlayar（layar）	8
交換する	salin	9
	tukar	1
合計	jumlah	4
高校	SMU（Sekolah Menengah Umum）/ SMA（Sekolah Menengah Atas）	3
高校生	murid SMU / murid SMA	3
交際する	bergaul	10
公衆電話	telepon umum	6
工場	pabrik	3
洪水	banjir	9
高速道路	jalan tol	2

索引

日本語	インドネシア語	課
後退する	mundur	7
工賃	ongkos	4
交通標識	Rambu Lalu Lintas	10
コーディネーター	koordinator	1
コーヒー	kopi	3
コーヒーを飲む	mengopi（kopi）	9
コーラン	Quran	1
氷	es	4
五角形	segilima	5
コカコーラ	Coca-Cola	10
5月	bulan Mei	5
国営電力会社	PLN（Perusahaan Listrik Negara）	8
心	hati	7
小雨	gerimis	9
腰	pinggang	7
答える	jawab	1
こちら	ini	2
（お）こづかい	uang jajan	9
小包	paket	2
コップ	gelas	2
言葉（神、王の）	sabda	1
言葉	kata	8
子ども	anak	3
子どもをうむ（動物）	beranak（anak）	8
子どもを持つ	beranak（anak）	8
5人で／は	berlima（lima）	8
この	ini	2
ご飯	nasi putih	3
コピー機	mesin fotokopi	1
細やかな	halus	4
米	beras	1
これ	ini	2
転ぶ	jatuh	7
こわれた	rusak	8
コンサート	konser	8
コンドミニアム	kondominium	6
こんにちは。	Selamat siang. Selamat sore.	3 3
こんばんは。	Selamat malam.	3
コンピュータ	komputer	1
梱包	pak	9
（〜を）梱包する	mengepak（pak）	9
今夜	nanti malam	10

さ

最初	awal	1
最初（の）	pertama	5
サイズ	ukuran	4
才能	bakat	1
〜さえも	pun	8
探す	cari	9
（〜を）探す	mencari（cari）	9
魚	ikan	4
下がる	turun	7

昨晩	tadi malam	7
作文する	mengarang（karang）	9
ザクロ	delima	8
（お）酒	minuman keras	7
左折禁止	dilarang belok kiri	10
誘う	ajak	10
（〜を）誘う	mengajak（ajak）	10
サッカー	sepak bola	8
雑誌	majalah	1
さつまいも	ubi jalar	8
砂糖	gula	4
ザボン	jeruk Bali	8
寒い	dingin	4
サヤエンドウ	kacang polong	8
皿	piring	2
3	tiga	4
三角形	segitiga	5
3月	bulan Maret	5
サンダル	sandal	6
3人で／は	bertiga（tiga）	8
サンバル（調味料）	sambal	4
サンバルを作る	menyambal（sambal）	9
散歩する	jalan-jalan	9
	berjalan-jalan（jalan-jalan）	10

し

市	kota	6
詩	puisi	9
〜時	jam	2
CD	CD	2
塩	garam	1
鹿	rusa	1
四角形	empat persegi	8
	segiempat	5
4月	bulan April	5
時間	jam	2
式典	upacara	10
事故	kecelakaan	1
思考力	akal	1
仕事	kerja	7
辞書	kamus	2
自身	diri	8
舌	lidah	7
〜したい	ingin	10
	mau	10
仕立て代	ongkos jahit	4
仕立て屋	tukang jahit	3
下に／で	di bawah	7
7月	bulan Juli	5
知っている	tahu	7
しっぽ	ekor	4
質問	tanya	8
質問する	bertanya（tanya）	8

索引

193

日本語	インドネシア語	課
〜しているところ（進行形）	sedang	7
〜してもいいですか？	bolehkah	10
〜してもいい	boleh	10
自転車	sepeda	2
自転車禁止	dilarang bersepeda	10
自転車に乗る	bersepeda（sepeda）	8
指導	instruksi	1
〜しなければならない	harus	10
死ぬ	mati	7
支払う	bayar	9
（〜を）支払う	membayar（bayar）	9
しばらく	sementara	1
	sebentar	10
自分	diri	8
島	pulau	1
姉妹	saudara	3
事務所	kantor	2
事務机	meja tulis	6
社員	pegawai	2
社会	masyarakat	1
じゃがいも	kentang	8
ジャカルタ（地名）	Jakarta	7
ジャケット	jas	4
車庫	garasi	6
写真	foto	2
	potret	9
写真をとる	memotret（potret）	9
社長	presiden	3
ジャックフルーツ	nangka	8
しゃべる	berbicara（bicara）	8
	bicara	8
ジャヤウィジャヤ山	Gunung Jayawijaya	6
ジャワ（地方名）	Jawa	2
週	minggu	5
10	sepuluh	4
11	sebelas	4
11月	bulan November	5
10月	bulan Oktober	5
従業員	karyawan	3
19	sembilan belas	4
15	lima belas	4
13	tiga belas	4
従順な	taat	1
住所	alamat	4
17	tujuh belas	4
12	dua belas	4
12月	bulan Desember	5
周波数	frekuensi	1
18	delapan belas	4
充分な	cukup	1
14	empat belas	4
16	enam belas	4
熟す	masak	9

出身	asal	8
出身である	berasal（asal）	8
出席する	hadir	10
出発する	berangkat（angkat）	8
主婦	ibu rumah tangga	3
寿命	ajal	1
瞬間	saat	1
章	bab	1
奨学金	beasiswa	9
小学生	murid SD	3
小学校	SD（Sekolah Dasar）	3
条件	syarat	1
錠剤	pil	4
上手な	pandai	1
招待	undangan	10
状態	keadaan	1
照明器具	lampu	3
醤油	kecap	9
上陸する	mendarat（darat）	9
食卓	meja makan	3
食堂	rumah makan	6
職人	tukang	6
女子大学生	mahasiswi	3
女子従業員	karyawati	3
所帯を持つ	berkeluarga（keluarga）	8

ショッピングセンター	pusat perbelanjaan	6
（お）尻	pinggul	7
印	tanda	1
シンガポール	Singapura	3
信号	lampu lalu lintas	2
神聖な	ceria	1
心臓	jantung	7
腎臓	ginjal	7
身長	tinggi badan	4
侵入禁止	dilarang masuk	10
新聞	koran	1
	surat kabar	1

す

水泳	renang	8
すいか	semangka	8
スイッチ	sakelar	1
水田	sawah	8
水曜日	hari Rabu	5
スーツケース	kopor	9
スーパーマーケット	pasar swalayan	6
スープ	sop	7
スカブミ（地名）	Sukabumi	7
好き	suka	6
過ぎた	lewat	5
～過ぎる	terlalu	6
スターフルーツ	belimbing	8

スタンプ	cap	1
すなわち	yaitu	1
スプーン	sendok	2
スポーツ	olahraga	8
ズボン	celana	4
住む	tinggal	7
スラバヤ（地名）	Surabaya	7
スリップ注意	jalan licin	10
〜することができる	dapat	10
〜するでしょう	akan	7
〜する必要がある	perlu	10
座る	duduk	7
スンダ（民族名）	Sunda	3

せ

〜製	buatan	6
性格	sifat	1
生活する	hidup	7
清潔な	bersih	4
性質	sifat	1
生徒	murid	3
制服	seragam	8
制服を着ている	berseragam（seragam）	8
正方形	bujur sangkar	5
	empat persegi	8
生命保険	asuransi jiwa	10
西洋人	orang Barat	3

世界	dunia	6
赤道	khatulistiwa	1
説教	khotbah	1
石鹸	sabun	1
狭い	sempit	4
0	nol, kosong	4
セロファンテープ	selotip	1
セロリ	seledri	8
世話をする	merawat（rawat）	9
	pelihara	9
	rawat	9
（〜の）世話をする	memelihara（pelihara）	9
全〜	seluruh	6
前進する	maju	7
先生	guru	3
全世界	seluruh dunia	6
センター	pusat	6
洗濯機	mesin cuci	4
センチ	senti（meter）	4
全部	semua	6
扇風機	kipas angin	3

そ

ぞうきん	pel	9
総合病院	rumah sakit umum	2
総数	jumlah	4
想像	khayal	1

曾祖父	kakak buyut	2
曾祖母	nenek buyut	2
送料	ongkos kirim	4
粗雑な	kasar	4
そして	dan	7
そちら	itu	2
外に／で	di luar	7
その	itu	2
側に／で	di samping	7
祖父	kakek	2
祖父	opa	2
ソファー	sofa	1
祖母	nenek, oma	2
そよそよと（風が）	sepoi	1
それ	itu	2
ソロ（地名）	Solo	7

た

～台	buah	4
第一（の）	pertama	4
大学	universitas	3
大学生	mahasiswa	2
大工	tukang kayu	3
大根	lobak putih	8
滞在する	berada（ada）	8
第三（の）	ketiga	4
体重	berat badan	4
大臣	menteri	1
だいたい	kira-kira	4
怠惰な	malas	6
大統領	presiden	3
台所	dapur	9
第二（の）	kedua	4
ダイニング	ruang makan	3
タイプライター	mesin tik	1
大変～	sangat	6
	sekali	6
第四（の）	keempat	1
楕円	oval	5
高い	tinggi	4
高い（値段が）	mahal	6
たくさんの	banyak	9
タクシー	taksi	3
タクシー乗り場	pangkalan taksi	10
～だけ	saja	7
立ち寄る	singgah	7
	mampir	10
立つ	berdiri（diri）	8
建物	gedung	6
（～を）建てる	membangun（bangun）	9
例えば	seandainya	1
他の	lain	1
たばこ	rokok	9
たばこを吸う	merokok（rokok）	9
食べる	makan	7
卵	telur	4

卵をうむ	bertelur（telur）	8
たまねぎ	bawang bombai	8
足りない	kurang	5
だるい	lesu	9
誰	siapa	2
（〜の人は）誰	siapa yang	6
田を耕す	bersawah（sawah）	8
誕生日	hari ulang tahun	5
誕生日プレゼント	hadiah ulang tahun	9

ち

地域	daerah	10
小さい	kecil	4
チーズ	keju	9
知恵	akal	1
近い	dekat	1
チケット	tiket	4
知人	kenalan	10
父	ayah, bapak	2
チッチ（鳴き声）	cicit	9
チッチと鳴く	mencicit（cicit）	9
チパナス（地名）	Cipanas	7
地方	daerah	10
チャイム	lonceng	8
着陸する	mendarat（darat）	9
チャプチャイ（八宝菜）	capcai	7

注意	hati-hati	10
中央	pusat	6
中学生	murid SMP	3
中学校	SMP（Sekolah Menengah Pertama）	3
忠告	nasihat	9
駐車場	tempat parkir	6
昼食	makan siang	7
昼食をとる	makan siang	7
注文	pesan	9
（〜を）注文する	memesan（pesan）	9
腸	usus	7
ちょうど	tepat	5
	pas	6
長方形	persegi panjang	5
直方体	balok	5
散る	gugur	1

つ

通貨	valuta	1
使う	memakai（pakai）	10
	pakai	10
つかむ	pegang	9
（〜を）つかむ	memegang（pegang）	9
月	bulan	5
着く	sampai	1
机	meja	2
作る	buat	9

日本語	インドネシア語	課
（〜を）作る	membuat（buat）	9
包み	bungkus	1
〜粒	biji、butir	4
つぼみ（花の）	kuntum	1
妻	isteri, istri	3
妻がある	beristri（istri）	8
冷たい	dingin	4
露	embun	1
強い	kuat	4
（〜を）釣る	memancing（pancing）	9

て

日本語	インドネシア語	課
手	tangan	7
〜で	di	6
	dengan	6
提案	usul	1
Tシャツ	baju kaus	4
DVD	DVD	6
丁寧な	halus	4
テーブルクロス	taplak meja	3
手紙	surat	1
〜できる	bisa	10
デコレーションケーキ	kue tar	10
デザイン	model	6
〜ですか？	apakah	2
〜ですね。	〜, ya.	6

日本語	インドネシア語	課
（〜を）手伝う	membantu（bantu）	9
〜ではない	bukan	2
	tidak	6
出迎える	jemput	9
（〜を）出迎える	menjemput（jemput）	9
出る	keluar	7
テレビ	televisi	1
手を打つ音	tepuk	8
手をたたく	bertepuk tangan（tepuk tangan）	8
店員	pramuniaga	6
	pelayan	7
天気	cuaca	9
電気	lampu	3
	listrik	8
伝言	pesan	9
電車	kereta listrik	8
電車に乗る	berkereta listrik（kereta listrik）	8
転職する	pindah kerja	7
電卓	kalkulator	1
電話	telepon	1
電話番号	nomor telepon	4
電話をかける	menelepon（telepon）	9

と

日本語	インドネシア語	課
戸	bab	1
〜と〜	dan	7

199

ドイツ	Jerman	8		図書館	perpustakaan	9
唐辛子	cabai	8		戸棚	lemari	2
統合する	bersatu（satu）	8		土地	tanah	4
どうして	mengapa（apa）	9		土地の面積	luas tanah	4
どうぞ	silakan	6		どちら	yang mana	6
どうぞお試しください。	Silakan coba.	6		とても	sekali	6
到着する	tiba	7		留まる	tinggal	7
とうもろこし	jagung	8		トマト	tomat	8
東洋人	orang Timur	3		止まる	berhenti（henti）	8
同僚	rekan	10		止まる	henti	8
遠い	jauh	6		泊まる	bermalam（malam）	8
通り	jalan	2			inap	9
時	waktu	1		（〜に）泊まる	menginap（inap）	9
独身でいる	membujang（bujang）	9		止まれ	berhenti（henti）	10
独身の	bujang	9		友だち	teman	3
特徴	keunikan	1		土曜日	hari Sabtu	5
独立	merdeka	8		土曜日の夜	malam Minggu	9
独立記念塔	MONAS（Monumen Nasional）	4		トラ	harimau	1
				ドリアン	durian	8
独立広場	Medan Merdeka	8		取り替える	salin	9
時計	jam	2		取る	ambil	9
（〜が）とける	mencair（cair）	9		（〜を）取る	mengambil（ambil）	9
どこ	mana	2		どれ	yang mana	6
年	tahun	4				
都市	kota	6		**な**		
年老いた	tua	6		中に／で	di dalam	7
				長い	panjang	4

長い（時間が）	lama	5
長い間	sudah lama	9
長椅子	bangku	7
長ねぎ	daun bawang	8
中身	isi	9
ながめる	tatap	1
なくなる	hilang	8
茄子	terung	8
夏	musim panas	9
7	tujuh	4
何	apa	2
	mengapa（apa）	9
ナプキン	serbet	3
名前	nama	3
鳴る	berbunyi（bunyi）	8

に

2	dua	4
〜に	di	6
〜に（人）	kepada	8
〜に（時間、日付）	pada	8
苦い	pahit	6
2月	bulan Februari	5
〜に関して	atas	10
賑やかな	ramai	6
肉	daging	6
ニクズクの実と花	pala	1
逃げる	berlari（lari）	8

西	barat	3
虹	pelangi	9
日曜日	hari Minggu	5
〜について	tentang	10
2分の1	seperdua、setengah	5
日本	Jepang	2
荷物	barang	6
ニャー（猫の鳴き声）	ngeong	1
入場料	biaya masuk	4
ニュース	kabar	8
庭	halaman	4
	taman	8
鶏	ayam	4
〜人	orang	2
にんじん	wortel	8
にんにく	bawang putih	8

ぬ

縫う	jahit	9
（〜を）縫う	menjahit（jahit）	9
ぬるま湯	air hangat	3
濡れた	basah	4

ね

根	akar	1
猫	kucing	8
ねずみ	tikus	9

201

値段	harga	4
ネックレス	kalung	4
寝る	tidur	7
年齢	umur	4

の

脳	otak	7
残る	tinggal	7
除いて	kecuali	1
喉	kerongkongan	7
喉が渇いた	haus	1
登る（太陽が）	terbit	1
飲み物	minuman	7
飲む	minum	7
〜のもの	kepunyaan	3
乗る	naik	7

は

歯	gigi	7
葉	daun	8
パーティー	pesta	8
はい	ya	2
肺	paru-paru	7
〜杯	cangkir	4
	mangkuk	7
パイナップル	nanas	8
入る	masuk	7
測る	ukur	1
拍手する	bertepuk tangan（tepuk tangan）	8
運ぶ	bawa	9
（〜を）運ぶ	membawa（bawa）	9
橋	jembatan	2
箸	sumpit	2
端に／で	di pinggur	7
始まる	mulai	10
初め	awal	1
はじめまして。	Kenalkan.	3
始める	mulai	10
場所	letak	2
	tempat	6
柱	tiang	1
走る	berlari（lari）	8
	lari	8
バス	bis	2
バス停	halte bis	2
	pemberhentian bis	10
旗	bendera	9
畑	kebun	6
	ladang	9
バタック（民族名）	Batak	3
働く	bekerja（kerja）	8
8	delapan	4
8月	bulan Agustus	5
パック	pak	9
パッションフルーツ	markisa	8
バティック（ロウ染め更紗）	batik	10

花	bunga	6
鼻	hidung	7
（〜語を）話す	berbahasa（bahasa）	8
話す	berbicara（bicara）	8
	bicara	8
バナナ	pisang	8
母	ibu	2
パパイヤ	pepaya	8
歯磨き	odol	1
速い、早い	cepat	4
針	jarum	1
バリ（地方名）	Bali	2
春	musim semi	9
バルコニー	balkon	6
パン	roti	2
半円	setengah lingkaran	5
番組	acara	6
番号	nomor	4
半ズボン	celana pendek	10
バンドゥン（地名）	Bandung	7
ハンドル	setir	10
パンの実	sukun	8
販売所	tempat penjualan	9
半分	seperdua	5
	setengah	5

ひ

日	hari	5
ピアノ	piano	10
ビール	bir	4
東	timur	3
〜匹	ekor	4
引き出し	laci	1
引く	tarik	9
低い	rendah	4
低い（身長が）	pendek	4
飛行機	pesawat	4
ビザ	visa	1
秘書	sekretaris	10
非常に	sangat	6
美人な	cantik	4
額	dahi	7
ビタミン	vitamin	1
左	kiri	1
左側通行	ikuti lajur kiri	10
日付け	tanggal	5
引っ越す	pindah	7
羊	domba	1
ぴったり	tepat	5
	pas	6
人	orang	2
一言	sepatah kata	8
1束	seikat	1
1つになる	bersatu（satu）	8

203

ひび（皿などの）	retak	1	服	baju	4
ひも	tali	1	拭く（床などを）	mengepel（pel）	9
表	daftar	1	（〜を）複写する	menyalin（salin）	9
費用	biaya	4	服を着ている	berbaju（baju）	8
秒	detik	5	不思議な	ajaib	1
病院	rumah sakit	2	2人（で／は）	berdua（dua）	8
病気の	sakit	2	ぶどう	anggur	7
ピラミッド	piramida	5	太っている	gemuk	4
昼	siang	3	船	kapal	8
ビル	gedung	6	部分	bagian	7
ピル	pil	4	冬	musim dingin	9
広い	luas	4	舞踊	tari	1
広場	lapangan	8	フランス	Prancis	10
瓶	botol	4	古い（時間が）	lama	5
便箋	kertas surat	2	古い	tua	6
ビンタン(ビール名)	Bintang	7	ブロッコリー	brokoli	8
貧乏な	miskin	4	分	menit	5

ふ

へ

ファイル	map	1	〜へ	ke	7
風景	pemandangan	9	平方メートル	meter persegi	4
封筒	amplop	1	平和な	damai	1
プール	kolam renang	8	へえ（感嘆詞）	oh	5
フォーク	garpu	2	ページ	halaman	4
フォーム	formulir	9	ベッド	tempat tidur	6
ブカシ（地名）	Bekasi	8	部屋	kamar	4
ブギス（民族名）	Bugis	8		ruang	9
吹く	tiup	1	ペン	pena	2

変化する	berubah（ubah）	8
	ubah	8
勉強する	belajar（ajar）	8
勉強机	meja tulis	6

ほ

帆	layar	8
ほうき	sapu	9
ほうきで掃く	menyapu（sapu）	9
報告書	laporan	10
	surat laporan	10
帽子	topi	8
帽子をかぶっている	bertopi（topi）	8
方法	cara	1
訪問する	berkunjung（kunjung）	8
	bertamu（tamu）	8
	kunjung	8
ほうれんそう	bayam	8
吠える（犬が）	gonggong	1
頬	pipi	7
ボール	bola	8
僕	aku	3
ボゴール（地名）	Bogor	7
星	bintang	7
（〜が）欲しい	mau	7
ホチキス	stepler	1
ホットオレンジジュース	jeruk panas	7
ホテル	hotel	2

ボロブドゥール寺院	Candi Borobudur	4
帆を使う	berlayar（layar）	8
本	buku	2
〜本	botol	4
本棚	lemari buku	9
本当の	betul	1

ま

まあ！	amboi	1
毎〜	setiap	8
〜枚	lembar	4
〜前	yang lalu	5
前に／で	di depan	7
負ける	kalah	1
真面目な	rajin	6
ますます	semakin	9
まだ〜していない	belum	7
まだ〜である	masih	7
または	atau	6
町	kota	6
待つ	tunggu	9
（〜を）待つ	menunggu（tunggu）	9
まつげ	bulu mata	7
マットレス	kasur	1
〜まで	sampai	1
マドゥラ（地名）	Madura	8
豆	kacang	9

索引

205

日本語	Indonesia	課
まゆげ	alis	7
丸い	bulat	5
マレーシア	Malaysia	7
マンゴー	mangga	8
マンゴスチン	manggis	8
マンディする	mandi	7
真ん中	tengah	8
真ん中に／で	di tengah	7
満杯の	penuh	4
満腹の	kenyang	1

み

磨く	gosok	10
（～を）磨く	menggosok（gosok）	10
実がなる	berbuah（buah）	8
みかん	jeruk	6
右側通行	ikuti lajur kanan	10
未婚の	bujang	9
短い	pendek	4
水	air	1
水浴びする	mandi	7
水色	biru muda	6
店	toko	2
道	jalan	2
みつめる	tatap	1
南	selatan	7
南スラウェシ（地方名）	Sulawesi Selatan	8

未亡人	janda	9
未亡人として生きる	menjanda（janda）	9
耳	telinga	7
見る	lihat	9
（～を）見る	melihat（lihat）	9
観る（テレビ、映画などを）	menonton（tonton）	9
観る	tonton	9
民宿	losmen	4
みんな	semua	6

む

無傷な	utuh	1
向こう側に／で	di seberang	7
胸	dada	7
村	desa	7
（～に）群がる	menyemut（semut）	9

め

目	mata	7
姪	keponakan	2
メートル	meter	4
眼鏡	kacamata	4
眼鏡をかけている	berkacamata（kacamata）	8
目覚まし時計	weker	2
メモ帳	buku catatan	1
麺	mie	4

面積	luas	4
雌鶏	ayam betina	8

も

もう〜した	sudah	7
	telah	7
盲腸	usus buntut	7
モーター	motor	1
木材	kayu	3
木曜日	hari Kamis	5
文字	huruf	1
もし〜ならば	kalau	1
もしもし	Halo.	10
モスク	mesjid	6
持ち上げる	angkat	8
（〜を）持つ	membawa (bawa)	9
	memegang (pegang)	9
持っている	ada	7
持ってくる	bawa	9
最も	paling	6
戻る	kembali	7
物	barang	6
もやし	taoge	8
門	bab	1
問題	masalah	10

や

山羊	kambing	4
焼きそば	mie goreng	4
役者	peran	1
野菜類	sayur-sayuran	8
椰子	kelapa	7
安い	murah	6
休む（仕事、学校を）	bolos	1
痩せている	kurus	4
屋台	kaki lima	6
屋根	atap	6
山	gunung	6
やめる	henti	8
ヤモリ	cicak	1
柔らかい	empuk	4

ゆ

唯一の	tunggal	1
夕方	sore	3
Uターン禁止	dilarang memutar	10
郵便	pos	2
郵便受	kotak surat	6
郵便局	kantor pos	6
郵便小包	paket pos	2
床	lantai	7
ゆっくり	pelan	1
指	jari	7
指さす	tunjuk	9
（〜を）指さす	menunjuk (tunjuk)	9

索引

許し	maaf	1		弱い	lemah	4
				4	empat	4
よ				4分の1	seperempat	5
良い（服、色が）	bagus	6				
良い(性格・天候が)	baik	6		**り**		
容器	tempat	6		陸	darat	9
要求する	tuntut	1		立派な	bagus	6
幼稚園	taman kanak-kanak（TK）	9		立方体	kubus	5
ヨーロッパ	Eropa	8		リモコン	remote control	1
横に／で	di samping	7		理由	sebab	1
汚れた	kotor	4		流暢に	dengan lancar	8
予定（催し物の）	acara	6		料金	ongkos	4
予備	cadangan	9			tarif	4
呼び鈴	bel	6		両親	orang tua	7
呼ぶ	panggil	9		料理	masakan	2
（〜を）呼ぶ	memanggil（panggil）	9		料理する	masak	9
読む	baca	9		（〜を）料理する	memasak（masak）	9
（〜を）読む	membaca（baca）	9		旅行する	berjalan-jalan	10
予約する	memesan（pesan）	10		りんご	apel	8
より〜	lebih	6		臨終	ajal	1
〜よりも	daripada	6				
夜	malam	3		**る**		
夜遅く	malam-malam	7		ルピア	Rp.	4
夜を越す	bermalam（malam）	8				
				れ		
喜ぶ	bergembira（gembira）	8		例外	kecuali	1
				冷蔵庫	lemari es	6
				歴史	sejarah	2

レストラン	restoran	10	ワイン	anggur	7
練習する	berlatih（latih）	8	若い	muda	6
			忘れる	lupa	7

ろ

			私	saya	3
浪費する（金を）	boros	1	私たち	kami	3
6	enam	4		kita	3
6月	bulan Juni	5	悪い	jelek	4
ロスメン	losmen	4			
ロンボック（地名）	Lombok	7			

を

（〜語）を	dalam	8

わ

ワイシャツ	kemeja	1

[著者]

ホラス由美子（HORAS ゆみこ）

東京学芸大学大学院修了。
現在、東京農業大学非常勤講師、大学書林国際語学アカデミー講師。
弁護士会等の司法通訳、その他各種翻訳・通訳。
インドネシア共和国の農村漁村地域の中学生、高校生を対象とした "Beasiswa Pelangi" 主宰。バリ島の児童養護施設の子供たちへの支援をおこなっている。

主な著書：『アジアの食文化』分担執筆（建帛社）
　　　　　『ゼロから話せるインドネシア語』（三修社）
　　　　　『らくらく旅のインドネシア語』（三修社）
　　　　　『はじめようインドネシア語』（三修社）
　　　　　『インドネシア語レッスン初級2』（スリーエーネットワーク）
　　　　　『インドネシア語リスニング』（三修社）
　　　　　『インドネシア語スピーキング』（三修社）
　　　　　『超實用情境學初級印尼語：單字、文法、會話輕鬆學、開口說！』（台湾東販）

インドネシア語レッスン初級1

2005年 3月31日　初版第1刷発行
2023年 2月14日　第15刷 発 行

著　　者　ホラス由美子
発 行 者　藤嵜政子
発 行 所　株式会社スリーエーネットワーク
　　　　　〒102-0083　東京都千代田区麹町3丁目4番トラスティ麹町ビル 2F
　　　　　電話： 03-5275-2722（営業）　03-5275-2725（編集）
　　　　　https://www.3anet.co.jp/
印刷・製本　株式会社シナノ

（落丁・乱丁本はお取替えいたします）　　　ISBN978-4-88319-339-4　C0087
本書の全部または一部を無断で複写複製（コピー）することは著作権法上での例外を除き、禁じられています。